図解 よくわかる 地方自治 のしくみ

第6次改訂版

今井 照 [著]

学陽書房

第6次改訂版の発行にあたって

　本書は、2000年分権改革で大きく変化した地方自治制度をわかりやすく図解することを目的として、2000年1月に刊行されました。自治体の職員や議員はもとより、地方自治を学ぶ学生や市民のみなさんに広く読まれ、このたび第6次改訂版を発行することができました。いままで支えてくださったみなさまに感謝申し上げます。

　これまでも増刷や改訂の都度、必要な修正を加えてきましたが、今回は構成を含めて全面的に見直しました。地域社会や市民生活の環境変化を受けて、自治体やその政策のあり方を見直さなければならない段階に入ってきたと思うからです。

　最大の課題は人口減少です。都道府県別に見ると、1980年代後半から人口が減り始め、2010年までには大多数の38道府県で人口が減少しています。人口構造から見ても既に「分水嶺」を超えてしまったと思われるので、地域社会にとって人口減少は「与件」と考えたほうがよさそうです。

　人口増加期の自治体政策は、たとえ「つぎはぎ」や「建て増し」と言われようとも、力任せにがんばって対応できましたが、人口減少期にはそうはいきません。なぜなら「空間づくり」が中心のこれまでのまちづくりでは地域社会や市民生活を守りきれなくなるからです。

　加えてデジタル社会が進行中です。仕事でも遊びでも私たちの身体の何割かは「もうひとつの世界」で生活しています。土地の区画を前提としてきた自治体と「住民」との関係も変わってきます。自治体政策ばかりか、これまでの自治体概念そのものの転換が迫られているのです。

　そんな時代だからこそ、まずは現在のしくみを知り、みんなが今日と同じように明日を暮らせるために、何を大切にして、これからどこをどのように変えるべきかを考えていかなくてはなりません。そのための素材として本書がみなさんに役立つことを祈っています。

　本書はなるべくシンプルに図解することを目的としていますので、わかりやすさを優先して、言葉を言い換えたり、例外事項を省いたりしているところがあります。必要な場合にはさらに専門書にあたってください。

　最後に、更新を重ねながらこんなに長生きする本を作ってくださった学陽書房の歴代の編集者のみなさん（佐久間重嘉さん、宮川純一さん、村上広大さん、久保聡子さん）に感謝いたします。ありがとうございました。

　2023年11月

今井　照

目次

※　索引用語については、本文中に★印を付して明示した。

収録法令の略称

地方自治法 ……………………………………………………………………… 法、自治法
- 地方自治法（2000年分権改革以前） ………………………………………… 旧法
日本国憲法 ……………………………………………………………………………… 憲法

競争の導入による公共サービスの改革に関する法律 ………………… 公共サービス改革法
市町村の合併の特例に関する法律 ……………………………………… 合併特例法
大都市地域における特別区の設置に関する法律 ………………… 大都市地域特別区設置法
地方教育行政の組織及び運営に関する法律 ………………………………… 地教行法
地方公営企業等の労働関係に関する法律…………………………… 地方公営企業労働関係法
地方公共団体の財政の健全化に関する法律 ……………………………… 自治体財政健全化法
地方分権の推進を図るための関係法律の整備等に関する法律（1999年） ……… 分権一括法

はじめに
ー最新の動きー

地域社会の未来

[参考文献] 今井照『未来の自治体論―デジタル社会と地方自治』第一法規、2023年

①単身化

・高齢者の単身世帯化と壮年層の単身世帯化（非婚化）が顕著に進行（全世帯の4割近く）

●単独世帯数と単独世帯比率の推移（国勢調査）

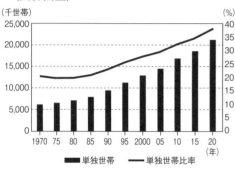

●生涯未婚率の推移（社人研・人口統計資料集）

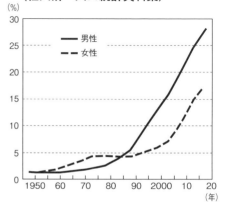

②移動社会化

・高速交通化、テレワークなど社会環境の変化による複数地域居住の増加

・グローバル化による国境を越える人やモノの移動の増加

・災害、事故、紛争などによる強制的移住の増加

・一方、エッセンシャルワーカーや作業員など身体的活動を不可欠とする職業では「移動しない/できない」階層が存在

●外国人居住者数の推移（国勢調査）

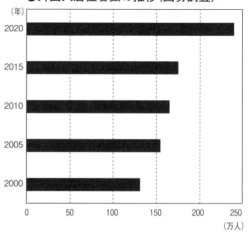

ポイント　人口減少（→人材不足）は、日本はもちろん、世界のほとんどで共通するマクロの課題になりつつある。自治体としてできることは、市民が「今日と同じように明日も暮らせる」地域社会をマネジメントしていくことだろう。「単身化」「移動社会化」「デジタル化」という地域社会や市民生活の新しい現象に合わせた社会政策の再編や「空間づくり」に偏りがちなまちづくりからの脱皮が求められている。

③デジタル化

・デジタル空間を利用した情報流通、ビジネス、レジャーなどの進展
・デジタル空間における市民権保障の困難性
・領域的な地域社会（自治体）との関係の希薄化

政策対応の方向性

〔単身化〕
・世帯単位、家族単位で行われてきた社会政策を個人単位に再編
　→民法上の扶養義務の廃止、戸籍制度の廃止など

〔移動社会化〕
・住民概念の転換
　→居住実態から居住意思尊重へ、選挙権や納税のクーポン制化など

〔デジタル化〕
・デジタル空間上の市民権保障
　→地縁性、血縁性、空間性とは異なる「領域性」の再構築

●新しい生活困難層

　地域社会や市民生活の変化に伴い、これまでの社会政策の網の目からこぼれ落ちる人たちが顕在化しつつある。宮本太郎さん（中央大学）はこれを「新しい生活困難層」と呼んでいる。

　たとえばコロナ禍では、雇用関係のないフリーランサーや非正規層などが社会保険制度から支援を受けられず、土地や建物などの資産を保有している自営業者は、たとえ日々の収入がゼロになって食べるものに困っても生活保護の対象にはならなかった。

　「新しい生活困難層」は従来の「貧困」概念の延長線上や同心円状にはなかったので、自治体も対応できなかった。もっとも近かったのは生活困窮者自立支援制度で、これまで役所に支援を求めたことのない人たちが社会福祉協議会などの窓口に殺到した。

　その他、子どもの貧困や「新しい孤立」など、地域社会の人たちは自治体の政治・行政には見えにくい変化をいち早く感じ取り、子ども食堂やフリースクールなどの市民活動を立ち上げている。自治体の政治・行政もこうした市民活動と連携を取りながら、それぞれの問題の解決に立ち向かう必要がある。

自治体DX

［参考文献］日経コンピュータ『なぜデジタル政府は失敗し続けるのか ―消えた年金からコロナ対策まで』日経BP、2021年

●自治体DXの目的

住民

【国の意図】

◆自らが担う行政サービスについて、デジタル技術やデータを活用して、住民の利便性を向上させるとともに、

◆デジタル技術やAI等の活用により業務効率化を図り、人的資源を行政サービスの更なる向上に繋げていく

総務省「自治体デジタル・トランスフォーメーション（DX）推進計画【第2.0版】2022年9月

【住民の気持ち】

◆手続きの一本化（関連する手続きが1回で済む）

◆手続きのオンライン化（役所に行かなくても手続きが完結する）

【自治体DXの重点取組事項】

①自治体の情報システムの標準化・共通化、②マイナンバーカードの普及促進、③自治体の行政手続のオンライン化、④自治体のAI・RPAの利用推進、⑤テレワークの推進、⑥セキュリティ対策の徹底

【実感できない自治体DX】

●手続きの書類が手書きしかない、デジタル化されている情報なのに添付書類は紙で提出させる、情報共有ができていないからいくつもの窓口を回らなければいけない、など

●マイナンバーカードと暗証番号の更新のために、5年に1回は役所に出向かなければならない、など

ポイント　1960年代から自治体行政へのコンピュータの導入が始まり、1965年には東京都中野区が住民記録を電算処理し始めている。その後も2003年の電子自治体推進指針などさまざまな提案があったが、60年が過ぎた現在になっても自治体DXが唱えられるなど、必ずしも満足な結果を残していない。デジタル化を契機に事務処理や政策制度の見直しを進める必要がある。

ひとこと

デジタル庁設置を目玉として2021年に成立したデジタル改革関連一括法は6本の法律で構成されている。そのうち、自治体に直接関係するのは「デジタル社会の形成を図るための関係法律の整備に関する法律」に含まれている個人情報保護制度の国法への一元化と、「地方公共団体情報システムの標準化に関する法律」（標準化法）だ。

個人情報保護制度は、自治体行政の電算処理が進むに連れて、プライバシー保護の観点から各自治体の条例に基づいて確立されてきた。一方、財界を中心に一元化を求める意見が出たため、国法に一元化することになった。

また標準化法に基づき、2025年度末を目標に、全国の自治体では基幹20業務について、既存のシステムを廃止し、国が示す標準仕様書に基づいたシステムへ置き換える作業が進められている。

●マイナンバーとマイナンバーカード

マイナンバー制度は2013年5月に法が成立し、2016年1月から施行された。住民票を持つ一人ひとりに12桁の番号が通知されている。一方、希望者はマイナンバーカードを持つことができる。マイナンバーカードには顔認証機能があり、さらに4種類の暗証番号を使うことで行政手続きなどの個人認証が可能になる。

マイナンバーは行政機関相互や民間企業との情報連携に使われているが、マイナンバーカードについては住民にとって取得するインセンティブが低く、国はポイントを付けたり、健康保険証と一体化するなどして普及に努めている。しかし、カードを持ち歩く必要があるなどの不便さや、5年に1回はカードや暗証番号の更新のために役所の窓口に出向く手間がかかるなど、住民と自治体相互にとって負担となっている。

行政のデジタル化のために戸籍制度を廃止した韓国のように、デジタル化以前に大胆な制度改革（トランスフォーメーション）をすることが求められている。

大災害に備える

[関係資料] 内閣府 WEB サイト「防災情報のページ」など

●最近の激甚災害指定

発生	豪雨	地震	主 な 被 災 地
2021年	○		鳥取、島根、鹿児島
	○		青森、長野、島根、広島、福岡、佐賀、長崎
2022年		○	福島
	○		宮城、熊本、鹿児島
	○		青森、山形、新潟、石川、福井
	○		静岡、山口、高知、福岡、佐賀、長崎、熊本、大分、宮崎、鹿児島
2023年		○	石川

●想定される大地震

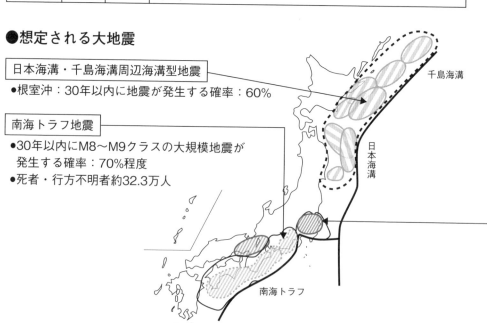

日本海溝・千島海溝周辺海溝型地震

●根室沖：30年以内に地震が発生する確率：60%

南海トラフ地震

●30年以内にM8〜M9クラスの大規模地震が 発生する確率：70%程度
●死者・行方不明者約32.3万人

千島海溝

日本海溝

南海トラフ

ポイント 風水害が日本各地で頻発している。日本全体に大きな被害をもたらす大規模な地震も想定されている。自然現象を止めることはできないが、自治体には被害を最小化する事前の努力と被災者の生活再建を支援する義務がある。過去の災害の教訓に学びながら、実効性のある対策を準備しておく必要がある。

◆被災者支援の課題

① 人権が守られない避難所
・体育館に大人数が「収容」されている
→高齢者や子どもなど支援を必要とする人たちのスペースがない

② 「持ち家」偏重の被災者支援制度
・被災者支援の基準のほとんどは「住宅の損壊度」(罹災証明書)
→「持ち家」など資産のある人への現金給付に偏りがち

③ 大災害に「初めて」直面する自治体の経験不足
・自治体はインフラ復旧などの「復興事業」を得意とする
→被災者支援には福祉関係者などによるケースマネジメントが必要

首都直下型地震

●南関東域で30年以内にM7クラスの地震が発生する確率:70%程度
●死者・行方不明者約2.3万人

〔出所〕内閣府「防災情報のページ」より作成

●罹災証明書

自治体の任意事務であった罹災証明書発行が法定化された(災害対策基本法第90条の2)。罹災証明書は被災者生活再建支援金などの給付、住宅金融支援機構などからの融資、税や公共料金などの減免や猶予などの手続きに必要なため、被災者は罹災証明書の発行を早急に求め、被災自治体は緊急時にもかかわらず多大な手間と人材を割かれることになる。

しかし罹災証明書の提出先のほとんどは公的機関なので、公的機関相互の情報共有ができれば不要となる。また、航空写真やドローンなどを活用して地域的に一括して証明することも技術的には不可能ではない。

さらに住宅の損壊度を証明する罹災証明書は、被災者の生活困窮状況とは一致しない。被災者ごとにケースマネジメントを行って、個別の事情に応じたメニューを組み合わせる支援が求められている。生活困難者自立支援制度などで経験のある福祉関係者の力を借りるしくみを用意しておくべきだろう。

地域公共交通の再構築

[関係法律] 地域公共交通の活性化及び再生に関する法律（地域交通法）

●ローカル鉄道再構築の流れ（2023年改正）

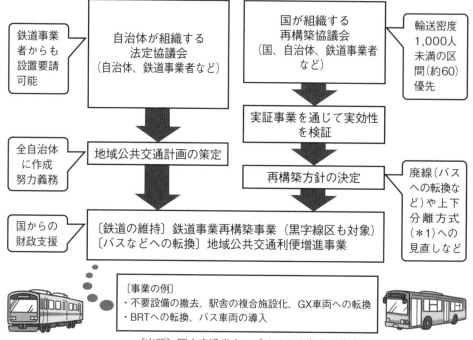

鉄道事業者からも設置要請可能

自治体が組織する
法定協議会
（自治体、鉄道事業者など）

国が組織する
再構築協議会
（国、自治体、鉄道事業者など）

輸送密度
1,000人
未満の区間（約60）優先

全自治体に作成努力義務

地域公共交通計画の策定

実証事業を通じて実効性を検証

国からの財政支援

再構築方針の決定

廃線（バスへの転換など）や上下分離方式（＊1）への見直しなど

〔鉄道の維持〕鉄道事業再構築事業（黒字線区も対象）
〔バスなどへの転換〕地域公共交通利便増進事業

〔事業の例〕
・不要設備の撤去、駅舎の複合施設化、GX車両への転換
・BRTへの転換、バス車両の導入

〔出所〕国土交通省ウェブサイトを参考に作成

◆再構築の前提

・協議会では「廃止ありき」「存続ありき」の前提を置かずに議論する。
・旅客鉄道株式会社及び日本貨物鉄道株式会社に関する法律（JR会社法）に基づく大臣指針によって、JR各社は「現に営業する路線の適切な維持」（ユニバーサルサービス）に努めるものとされ、そのための措置（経営安定基金や採算路線からの内部補助など）もあることに配慮する。

高速道路網や新幹線網が整備される一方で、生活圏の移動に困難をきたす地域が広がっている。自治体も路線バスへの補助やデマンドタクシーなどに取り組んできたが、必ずしもうまくいっていない。さらに地域と地域を結ぶ鉄路にも黄信号が灯り始めた。

●鉄道の災害復旧事業への補助率（鉄道軌道整備法2018年改正）

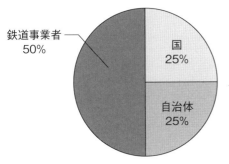

鉄道事業者 50%
国 25%
自治体 25%

国土交通大臣が特に必要と認める場合には国の補助割合を1/3以内に引き上げ（鉄道事業者1/3、自治体1/3）

●只見線の復旧

2011年の豪雨災害により不通となっていた只見線は、2022年秋に復旧した。当初、JR東日本は廃線とバスへの転換を提案していたが、地元自治体からの強い要望により、上下分離方式で鉄路での復旧が実現した。

85億円の復旧費用はJR東日本1/3、国1/3、自治体1/3の負担となり、毎年2億円余りの運営費は、県が7割、会津17市町村が3割を負担することとなった。

市町村内の負担は沿線自治体とその他の自治体とに分けられるが、財政規模の小さい町村にとっては過大な負担となる。

＊1　上下分離方式

鉄道施設や土地などを自治体や第三セクターが持ち、運行や車両をJRなどの鉄道事業者が所有して鉄道路線を維持すること。

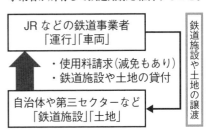

JRなどの鉄道事業者
「運行」「車両」

・使用料請求（減免もあり）
・鉄道施設や土地の貸付

自治体や第三セクターなど
「鉄道施設」「土地」

鉄道施設や土地の譲渡

ひとこと

地域交通法の2023年改正は、鉄道の維持を期待する自治体にとって、廃線か上下分離方式かという厳しい選択を求められることになる。しかし本来、鉄道はネットワークである。仮に地域ごとの協議で鉄路が寸断されることになれば、取り返しのつかない損失となりうる。

環境への負荷や運転手不足への対処として鉄道貨物輸送が見直されようとしているときに、ネットワークが途切れてしまうと、流通や産業にとっても大打撃である。鉄路（線路）の維持は、むしろ大都市圏の生活や産業を維持するためにも必須であり、国の責務が大きい。その意味でも、このような方式で再構築を進めることや沿線の小規模自治体にまで財政負担を求めることには問題が多い。

はじめに5 デジタル田園都市国家構想

[関係法律] まち・ひと・しごと創生法（地方創生法）

●デジタル田園都市国家構想（国の総合戦略）

基本的考え方
・デジタルの力によって「全国どこでも誰もが便利で快適に暮らせる社会」を実現する

取組方針
・デジタルの力を活用した地方の社会課題解決・魅力向上
・デジタル基盤整備
・デジタル人材の育成・確保
・誰一人取り残されないための取組

●デジタル田園都市国家構想交付金

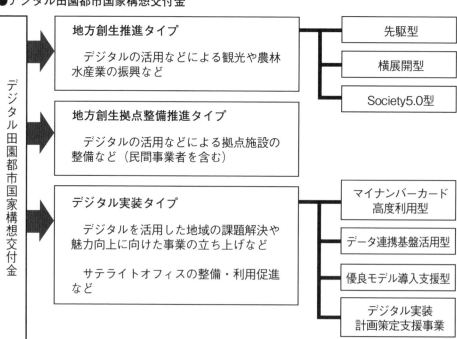

デジタル田園都市国家構想交付金

地方創生推進タイプ
デジタルの活用などによる観光や農林水産業の振興など
→ 先駆型
→ 横展開型
→ Society5.0型

地方創生拠点整備推進タイプ
デジタルの活用などによる拠点施設の整備など（民間事業者を含む）

デジタル実装タイプ
デジタルを活用した地域の課題解決や魅力向上に向けた事業の立ち上げなど
サテライトオフィスの整備・利用促進など
→ マイナンバーカード高度利用型
→ データ連携基盤活用型
→ 優良モデル導入支援型
→ デジタル実装計画策定支援事業

2014年に国策として始まった「地方創生」政策がリセットされ、2021年度半ばから「デジタル田園都市国家構想」の一部に包含された。交付金の原資や枠組みはほぼ継承されているが、目的が一変したため、自治体としても改めて慎重に検討する必要がある。

●「地方創生」政策の歴史（国の総合戦略の変化）

国の計画	方向性
まち・ひと・しごと創生総合戦略 2014年12月	人口減少と地域経済縮小の克服
第2期まち・ひと・しごと創生総合戦略 2019年12月	活力ある地域社会の実現 東京圏への一極集中の是正
第2期まち・ひと・しごと創生総合戦略 2020改訂版 2020年12月	感染症が拡大しない地域づくり

●地方創生＋デジタル田園都市国家構想交付金予算の推移

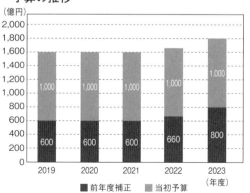

〔注〕このうち、ハード事業に使われる拠点整備交付金は毎年度500億円前後。

●田園都市

　田園都市という言葉はGarden city（庭園都市）の日本語訳で、人口3万人程度の規模で自立した職住近接型の緑豊かな都市を大都市周辺に建設する構想のこと（ハワード『明日の田園都市』1922年→日本語新訳版は2016年に鹿島出版会から）。日本では大正年間から阪急や東急による郊外型ベッドタウンのキャッチフレーズとして使われ始めた。

●田園都市国家構想

　高度成長期に大平正芳が政権構想として提起した考え方。大平死後の1980年8月に報告書が完成した。人口規模別都市による「多極重層」の国家構想としてまとめられている。

ひとこと

　デジタル田園都市国家構想交付金はデジタルに絡めた事業の申請が求められている。
　拠点整備を除くと1,000億円の交付金を1,800弱の自治体で奪い合う構造になっているので、それぞれの自治体では効率性を含めて慎重に対処したほうがよいかもしれない。

地方制度調査会とは

　内閣から提案される自治法の改正は、内閣府に置かれた地方制度調査会（地制調）という審議会の答申に基づいて行われることが多い。地制調は1952年の地方制度調査会設置法（地制調設置法）によって常設されている歴史のある審議会だ。

・地制調設置法第1条には目的として「日本国憲法の基本理念を十分に具現するように」と書かれている。地方自治制度が憲法に示されている人権保障や民主主義の基本システムであることを意味している。

> ●地方制度調査会設置法
> （目的）
> **第1条**　この法律は、日本国憲法の基本理念を十分に具現するように現行地方制度に全般的な検討を加えることを目的とする。

・地制調の委員は、国会議員、自治体議会の議員、自治体の長、自治体のその他の職員、地方制度に関し学識経験のある者から首相が任命する（30人以内、任期2年）。

・政令で事務局は内閣府大臣官房企画調整課が総務省自治行政局行政課の協力を得て担うことになっているが、実質的には行政課が行っている。

〔参考〕　大杉覚『戦後地方制度改革の〈不決定〉形成』東京大学都市行政研究会、1991年、今井照「地方制度調査会研究の論点 ─ 21次〜32次を中心として」『自治総研』2022年4月号

① 自治って
何だろう

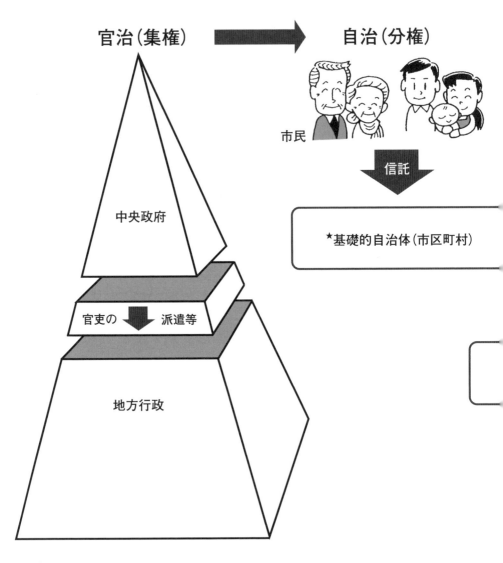

官治（集権） ➡ 自治（分権）

市民

信託

中央政府

官吏の ⬇ 派遣等

地方行政

★基礎的自治体（市区町村）

20

憲法は「★地方自治の本旨」に基いて自治体を組織し、運営を行わなければならないと定めている。大日本帝国憲法には地方自治に関する規定がなく、国家の機関として法律によりつくられた地方行政制度であったが、現在の地方自治制度は国民主権を前提とする憲法そのものに依拠している。

〈補完性の原理〉

EU の統合で注目され、ヨーロッパ地方自治憲章で確立した考え方。公的な責務はまず基礎的自治体が住民から信託を受け、そこで実現できないことを順次、広域自治体、国、国際機構へ信託することをいう。地方自治法でも「市町村優先の原則」がうたわれている。

基礎的自治体で実現できないこと

信託

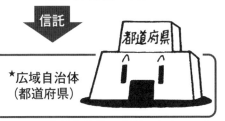

★広域自治体
（都道府県）

広域自治体で実現できないこと

信託

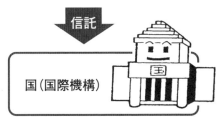

国（国際機構）

●地方自治の意義

地方自治の存在意義として「国家からの自由」「地域民主主義と市民教育」「資源配分の効率性と『足による投票』」があげられている（礒崎初仁・金井利之・伊藤正次『ホーンブック地方自治〔新版〕』北樹出版、2020 年）。

●地方自治の本旨

通説では、住民の意思を基本とする「★住民自治」と、国から独立している法人であることを基本とする「★団体自治」のふたつによって構成されるとされている。地方分権推進委員会最終報告では、地方公共団体と地域住民による「地域社会の自己決定・自己責任の自由の領域」を拡充していくことと説明されている。

ひとこと

大日本帝国憲法から日本国憲法へ憲法が変わったからといって直ちに地方自治が実現されたわけではない。この 70 年余りの間にはさまざまな動きがあった。特に、「人が住むに値する地域」をめざして、市民や自治体職員の手で取り組まれてきた数々のまちづくりの実践が、自治の中身をつくってきた（★田村明『まちづくりの発想』岩波新書、1987 年）。

1-2 めざす分権型社会

[関係資料] ★地方分権推進委員会委員長見解／1995年12月22日

分権型社会の姿

国・地方の
関係が変わる

市区町村

都道府県

上下・主従から
対等・協力の
関係へ

国

行政が変わる

全国画一の行政
から地域に応じ
た多様な行政へ

自治体が変わる

国の機関としての
「地方公共団体」
から市民の信託に
よる「自治体」へ

市区町村

都道府県

★分権改革が将来にわたって何をめざすものなのかという方向性について、1995年の地方分権推進委員会委員長見解は4段階に分けて提示している。この見解は自治体のあるべき姿を的確にまとめたものとなっている。分権改革の最終的な目標は「地域やくらしが変わる」ということであり、2000年分権改革はその小さくて重要な一歩であった。

●分権型社会のイメージ
（1995年12月22日の地方分権推進委員会委員長見解から）

1　国・地方の関係が変わる
　　国・地方の関係は、戦後50年続いた上下・主従の関係から対等・協力の関係へ
　　国・地方の関係を公正・透明に法治主義を徹底し、細かい行政統制から立法統制・司法統制へ

2　行政が変わる
　　中央主導の画一行政から地域の実情に応じた多様な行政へ
　　縦割行政から住民本位の総合行政へ
　　分権の推進はリストラの推進
　　国の機能も純化・強化

3　地方公共団体が変わる
　　中央に依存せざるを得なかった首長が住民本位の首長に
　　国の指導による受け身行政から住民本位の能動行政の担い手職員へ

4　地域や暮らしが変わる
　　住民の自己決定権の実現
　　権限と責任をもって選択
　　住民の知恵や創意工夫を活かした地域やくらしづくり
　　住民の関心の高まり、市民運動も活かしやすく、住民の政治参加の高まり、真の地方自治の確立
　　意欲がある地域ほどよりよい政治が実現

地域やくらしが
変わる

★市民自治によって
よりよい地域や
くらしを実現

自治体をめぐる数字

[関係資料] 総務省ホームページ 等

〈自治体数＝1,788〉

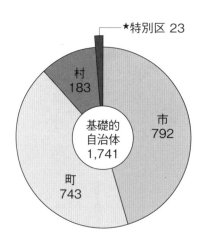

★特別区 23

村 183
市 792
基礎的自治体 1,741
町 743

　★基礎的自治体　1,741
＋　★広域自治体　　　47
　（都道府県）
──────────────
　　　　　　　1,788（＊1）
（2023年4月現在）

〈自治体職員数＝約280万人〉

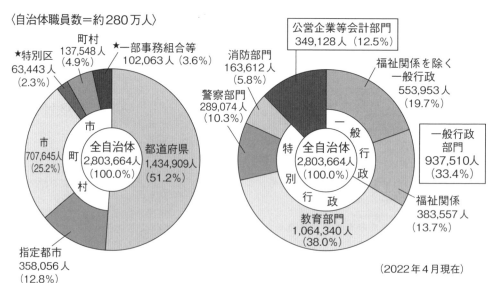

町村 137,548人（4.9%）
★特別区 63,443人（2.3%）
★一部事務組合等 102,063人（3.6%）
市 707,645人（25.2%）
市
町
村
全自治体 2,803,664人（100.0%）
都道府県 1,434,909人（51.2%）
指定都市 358,056人（12.8%）

公営企業等会計部門 349,128人（12.5%）
消防部門 163,612人（5.8%）
警察部門 289,074人（10.3%）
福祉関係を除く一般行政 553,953人（19.7%）
一般行政部門 937,510人（33.4%）
福祉関係 383,557人（13.7%）
一般行政
特別行政
教育部門 1,064,340人（38.0%）
全自治体 2,803,664人（100.0%）

（2022年4月現在）

ポイント

自治体の数は約 1,800。特に 2004 年前後は、★合併で町村数が急減した。それにともなって、自治体議員数も激減している。合併によって「市」ではいちばん広くなった高山市の面積は東京都全体の面積に匹敵する。全国にはさまざまな条件をもった自治体があることに注意しなくてはならない。

〈自治体議員定数＝約 32,447 人〉

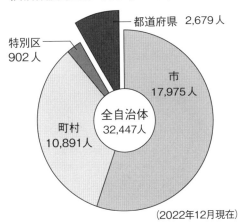

都道府県　2,679 人

特別区
902 人

市
17,975 人

全自治体
32,447人

町村
10,891 人

（2022年12月現在）

自治体職員数（一般行政部門）の移り変わり

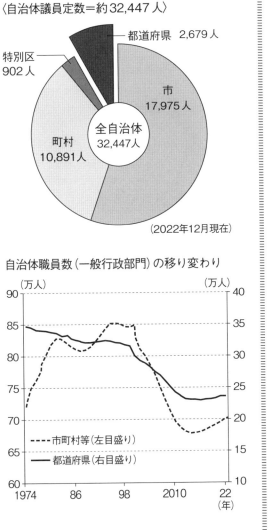

* 1　市町村数の推移

1888 年／明治 21 年	71,314
1989 年／明治 22 年	15,859
1922 年／大正 11 年	12,315
1945 年／昭和 20 年	10,520
1953 年／昭和 28 年	9,868
1956 年／昭和 31 年	4,668
1961 年／昭和 36 年	3,472
1965 年／昭和 40 年	3,392
1975 年／昭和 50 年	3,257
1985 年／昭和 60 年	3,253
1995 年／平成 7 年	3,234
2000 年／平成 12 年	3,229
2005 年／平成 17 年	2,395
2010 年／平成 22 年	1,727
2015 年／平成 27 年	1,718

1-4 自治体の構成員

[参考文献] 今井照『地方自治講義』ちくま新書、2017年

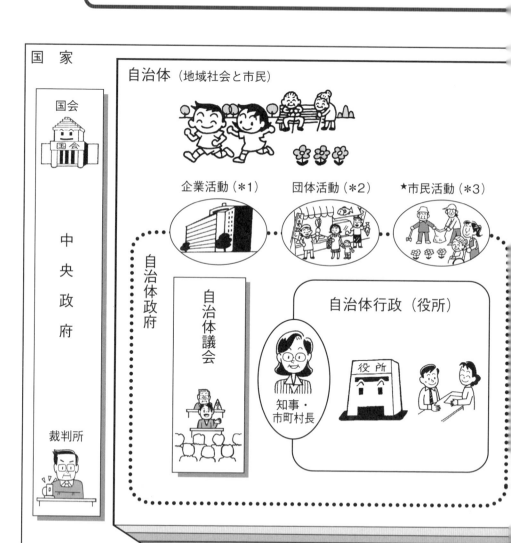

国家

国会

中央政府

裁判所

自治体（地域社会と市民）

企業活動（＊1）　団体活動（＊2）　★市民活動（＊3）

自治体政府

自治体議会

自治体行政（役所）

知事・市町村長

役所

自治体にはさまざまな顔がある。一般に自治体というと「役所」を思い浮かべるが、そこは自治体行政の仕事をしている事務所で、自治体職員はその事務局職員である。地域の公益的な仕事をしているのは役所ばかりではなく「★市民活動」「団体活動」「企業活動」も一翼を担っている。自治体は確かに国家の一部であるが、自治体政府は国の中央政府の一部ではない。

市町村・特別区（基礎的自治体）

都道府県（広域自治体）

その他（広域連合・一部事務組合など）

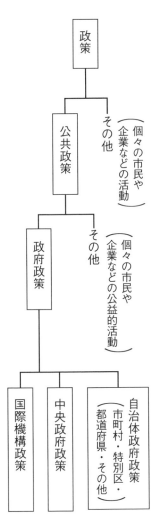

＊1　企業活動

　企業活動がなぜ自治体の構成員なのだろうか。たとえば自治体の公共施設は建設会社が建てているし、清掃や給食の委託を会社が受けている。これらは自治体行政の意思を受けている仕事だが、独自の決定で地域社会の公益的な活動をしている場合も少なくない。たとえば地域の文化やスポーツの活動を支援している会社がある。鉄道や電気のように、利益を生む活動と公益的活動とが表裏一体の会社もある。

＊2　団体活動

　地域社会にはそもそも公益的な活動を目的とした団体が数多く存在している。たとえば社会福祉法人、学校、病院などはもちろん、業界団体や労働組合も公益的な活動をすることがある。これらも自治体の資源である。

＊3　市民活動
　☞図3−2

地方公共団体 ⬅➡ 自治体

〈憲法、法令上のことば〉 〈一般に使われていることば〉

国家の構成要素という
ニュアンス

　（統治する国家に対し
て行政サービスの地域
区分をイメージさせる）

市民がつくる政府という
ニュアンス

　（行政サービスの提供
ばかりではなく、地域
の安全、住民の福祉増
進といった目的のため
に、市民が自治体政府
を通じて地域経営をす
るというイメージがあ
る）

ポイント

　憲法をはじめとする法令では、一般に呼ばれている「自治体」のことを「地方公共団体」と称している。指している対象はほとんど変わらないが、ことばの意味するところは大きく異なる。自治・分権の流れは、実質的な意味で「地方公共団体」から「自治体」への流れと言い換えてもよいだろう。

〈★市民自治〉
- 生活のさまざまな場面に「政策」が影響を及ぼす「★都市型社会」では、自治の担い手としての市民が試行錯誤を繰り返しながら政策づくりに関わっていく

「自治立法権」
「自治行政権」
「自治解釈権」（＊1）

＊1　「★自治立法権」「★自治行政権」「★自治解釈権」
　自治体の憲法権限として、松下圭一さんが整理したもの。
　★松下圭一『市民自治の憲法理論』岩波書店、1975年、51頁参照。
　また、松下さんは、2000年分権改革を「地方公共団体」から《自治体》への転換を図る「『日本国憲法』の運用改革」と規定している。
　松下圭一『自治体は変わるか』岩波書店、1999年、4頁参照。

ひとこと

　憲法の起案過程における「地方自治」の取扱いをみると、戦前から続く官僚たちが地方行政制度をどのように考えていたのかが明らかになる。
　1946年2月13日に示されたマッカーサー草案では、現在の第8章について「Local Government」（★地方政府）と表記されていたが、日本政府はそれを「地方政治」と訳した。その後、日本側の提案では「地方自治」と変わり、さらに本文中に地方公共団体ということばが用いられた。当時の日本政府が、新憲法下の自治体を「行政機関」に近いイメージに押しとどめようとしていたことがわかる。

1-6 自治制度の移り変わり

[参考文献] 大石嘉一郎『近代日本地方自治の歩み』大月書店、2007年

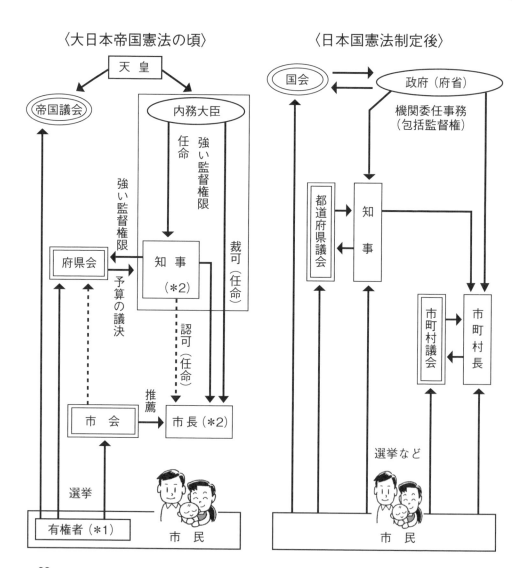

日本の自治制度は大日本帝国憲法が制定される前後に整備された。その後、明治期から昭和前期まで、さまざまな制度改正が積み重ねられたが、第2次世界大戦を経て日本国憲法が制定され、現在の制度の基本が完成した。1990年代を通じた分権改革以降、国も含めてそれぞれの自治の主体が対等・協力の関係に改められた。

〈2000年分権改革以降〉

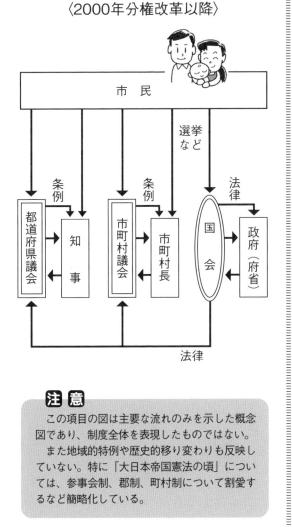

注意

　この項目の図は主要な流れのみを示した概念図であり、制度全体を表現したものではない。
　また地域的特例や歴史的移り変わりも反映していない。特に「大日本帝国憲法の頃」については、参事会制、郡制、町村制について割愛するなど簡略化している。

*1　有権者

　明治期の選挙は一定額以上の男性納税者に選挙権がある制限選挙であった。また一時期、府県会議員は市会・町村会議員による間接選挙という頃もある。所得制限がなくなったのは1926年、女性が選挙権を行使するのは第2次世界大戦後の1946年4月総選挙以降になる。

*2　知事・市町村長

　当時の知事は中央政府の任命する官吏があてられ、国の機関の一員にすぎなかった。府県会や市町村に対しても強い監督権限があった。市町村長は議会の推薦に基づいて中央政府が任命していたが、1926年には自主的な選任が認められた。しかし戦時体制下の1943年には市長は内務大臣、町村長は府県知事が任命するように変えられた。

[関係条文] 自治法第2条第2項～第5項

役割分担

市町村の処理する事務

- ★地域における事務
- その他の事務で法律またはこれに基づく政令により処理することとされるもの
- 「都道府県が処理するものとされているもの」を除く
- ただし「その規模又は性質において一般の市町村が処理することが適当でないと認められるもの」であっても「当該市町村の規模及び能力に応じて」処理することができる

市町村は「地域における事務」及び「その他の事務で法律又はこれに基づく政令により処理することとされるもの」を処理し、都道府県は「広域にわたるもの」「市町村に関する連絡調整に関するもの」「その規模又は性質において一般の市町村が処理することが適当でないと認められるもの」を処理することとされている。

都道府県の処理する事務

- 広域にわたるもの
- 市町村に関する連絡調整に関するもの
- その規模または性質において一般の市町村が処理することが適当でないと認められるもの

都道府県から市町村に対する関与で、次のことは2000年分権改革で廃止された。
①包括的な指揮監督権（国の機関委任事務について）
②知事の取消停止権（機関委任事務について）
③事務委任（知事の権限の事務を市町村長へ委任）
④補助執行（知事の権限の事務を市町村職員に執行させる）
⑤統制条例の制定権とこれに反する市町村条例の無効規定

注意

かつては、現行法に掲げられている都道府県事務の3つの基準、すなわち①広域性、②連絡調整、③補完性（事務の規模）の他に「統一的処理の必要性」という基準があったが、2000年分権改革で削除された。

国と自治体との関係と同様に、都道府県と市町村との間も「対等・協力」の関係が重視されるようになったとみるべきであろう。

★第2号法定受託事務（☞図1－10）に関する都道府県の市町村への関与等、自治法で明記された場合を除いて、法制度上、都道府県と市町村との上下関係はない。それだけ市町村の責任も増したということになる。

ただし、都道府県条例による事務処理の特例制度が設けられた（☞図1－8）。

知事の仕事を市町村が処理する特例制度

[関係条文] 自治法第252条の17の2

市町村

市町村長からの要請（＊1）

財源措置も含めてあらかじめ協議

その事務は市町村長（市町村教育委員会）が管理、執行する事務となる

都道府県知事（都道府県教育委員会）の事務の一部を、市町村が処理すること

条例で定めるところにより、都道府県知事（都道府県教育委員会）の事務の一部を、市町村（市町村教育委員会）が処理するものとする。

必ず財源を措置する（地方財政法第28条第1項）

> **ポイント**
>
> 　条例の定めにより都道府県知事の権限に属する事務を市町村が処理できる制度が設けられている。地域事情に応じて都道府県の権限を市町村に配分するという積極面がある一方で、都道府県と市町村との対等協力関係からみると、慎重な運用が求められる。

都道府県知事

●「★事務の委託」（法第252条の14）との違い

「事務の委託」の場合には、この特例制度とは違って、次のような特徴がある。
1　市町村相互間でも適用
2　長以外の執行機関の事務も対象
3　協議には双方の議会の議決が必要

＊1　市町村長からの要請

　条例による事務処理特例制度は、2000年分権改革によって創設された。しかし、都道府県側からの働きかけしか規定されていなかったので、2004年改正により、市町村長が議会の議決を経て、知事に対し、条例による事務処理特例を要請できるようになった。また2007年地教行法改正により、市町村長はその議会の議決を経て、都道府県教育委員会の事務についても、都道府県知事に対して事務の配分を要請できるようになった。知事はこの要請があったときは速やかに市町村長と協議しなければならない。

注意

　都道府県はあらかじめ市町村と協議することになっているが、この「協議」は必ずしも合意を要するものではないと解釈されている。しかし、明文化されていないとはいえ、市町村の同意を前提とするのが当然である。実務面では、慎重な運用が求められる。

自治体の仕事の区分

[関係条文] 自治法第2条第8項 等

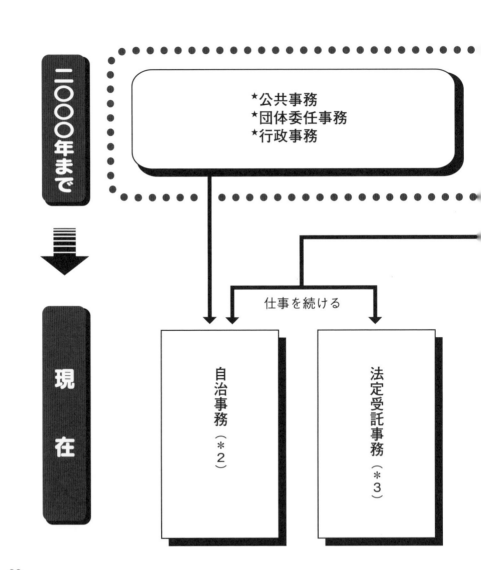

二〇〇〇年まで

*公共事務
*団体委任事務
*行政事務

現在

仕事を続ける

自治事務 (*2)

法定受託事務 (*3)

2000年分権改革で、国の組織の一部という位置付けで自治体が仕事をしてきた「★機関委任事務」が廃止され、自治事務と法定受託事務に整理された。したがって、自治体が処理する事務については、どれも最終的に自治体が判断する責務を負うことになった。

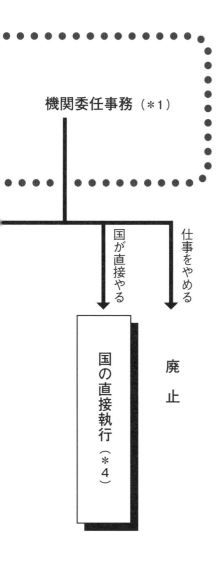

＊1　機関委任事務

知事や市町村長が、国（または都道府県）の行政組織として行う仕事のこと。2000年分権改革で廃止された。

＊2　★自治事務

自治体がやっている仕事のうち、法定受託事務を除いたもの。自治体としての本来の仕事のこと。

＊3　★法定受託事務
☞図1−10

＊4　国の直接執行

たとえば社会保険、信用協同組合の監督など。

注意

2000年分権改革まで「機関委任事務」と呼ばれてきたのは「法律又はこれに基づく政令によりその権限に属する国、他の地方公共団体その他公共団体の事務」(旧法第148条)と定義されているもので、法文上に「機関委任事務」ということばはなかった。「自治事務」「法定受託事務」は改正後の法文上のことばになっている。

[関係条文] 自治法第2条第2項、第8項、第9項

自治事務＝A－C

B－C＝「法律又はこれに基づく政令により自治体が処理することとされる
事務」で「法定受託事務」でないもの〈法第2条第13項の事務〉

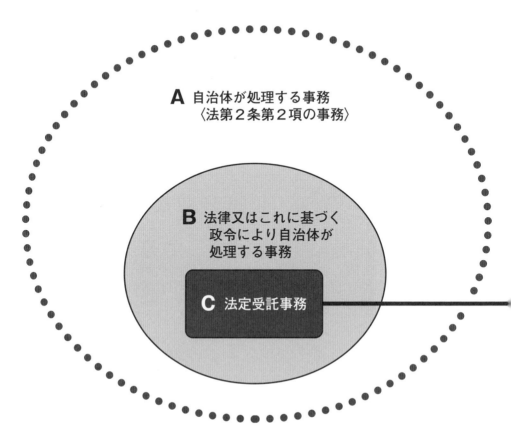

A 自治体が処理する事務
〈法第2条第2項の事務〉

B 法律又はこれに基づく
政令により自治体が
処理する事務

C 法定受託事務

本来、国の役割だが都道府県や市町村が処理する事務を「第1号法定受託事務」といい、本来、都道府県の役割だが市町村が処理する事務を「第2号法定受託事務」という。法律に定める法定受託事務については地方自治法の別表に掲げられたが、今後、縮減の方向で見直しされることが期待される。

ひとこと

（B−C）の部分についても、国は、自治体が「地域の特性に応じて当該事務を処理することができるよう特に配慮」すべし、と明記されている（法第2条第13項）。

「第1号法定受託事務」（＊1）
国→都道府県、市町村、特別区

「第2号法定受託事務」（＊2）
都道府県→市町村、特別区

＊1　★第1号法定受託事務

「法律又はこれに基づく政令により都道府県、市町村又は特別区が処理することとされる事務」のうち、「国が本来果たすべき役割に係るもの」であって、「国においてその適正な処理を特に確保する必要があるもの」として、「法律又はこれに基づく政令に特に定めるもの」。

＊2　★第2号法定受託事務

「法律又はこれに基づく政令により市町村又は特別区が処理することとされる事務」のうち、「都道府県が本来果たすべき役割に係るもの」であって、「都道府県においてその適正な処理を特に確保する必要があるもの」として、「法律又はこれに基づく政令に特に定めるもの」。

注意

法定受託事務については、国会審議の中で分権一括法に「できる限り新たに設けることのないように」という主旨の修正が加えられ、国が自治体に対し、法定受託事務を乱用して「対等・協力」の関係を阻害しないように戒めている。

★自主立法権の範囲

ポイント

　2000年分権改革で、自治体の事務が自治事務と法定受託事務に整理されたことによって、自治体が担う全ての事務について条例を制定することができるようになった（それ以前、機関委任事務については条例が制定できなかった）。

●条例を制定できるのは
　法第2条第2項の事務＝「地域における事務」＋「その他の事務で法律やこれに基づく政令により処理する事務」

●条例で定めなくてはならないのは
　「義務を課す」＋「権利を制限する」
　（ただし、法令に特別の定めがない場合）

●条例で設けることができる罰則
　「2年以下の懲役もしくは禁錮」＋「100万円以下の罰金」＋「拘留」＋「科料もしくは没収」＋「5万円以下の過料」

◆条例制定権の範囲
①当該自治体の事務に関すること
②憲法と法令の範囲内であること（実質的に法令と矛盾抵触していなければ可能）
　〔参考〕磯崎・金井・伊藤『ホーンブック地方自治〔新版〕』北樹出版、2020年

❷

自治体の政策

2-1 自治体政策と住民

[関係資料] 各地の★市民参加条例、まちづくり基本条例、自治体基本条例 等

政策過程のうず巻

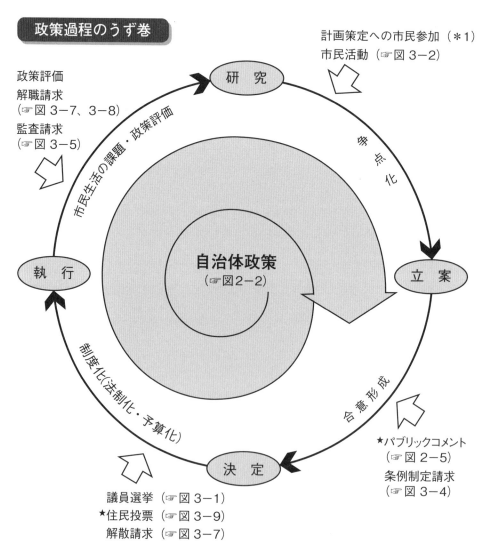

計画策定への市民参加（＊1）
市民活動（☞図3-2）

政策評価
解職請求
（☞図3-7、3-8）
監査請求
（☞図3-5）

研　究

争　点　化

市民生活の課題・政策評価

執　行

自治体政策
（☞図2-2）

立　案

制度化(法制化・予算化)

合　意　形　成

決　定

★パブリックコメント
（☞図2-5）
条例制定請求
（☞図3-4）

議員選挙（☞図3-1）
★住民投票（☞図3-9）
解散請求（☞図3-7）

自治体政策は「研究（課題発見）」「立案（争点化）」「決定（合意形成）」「執行（制度化）」というプロセスを経て、また次の課題に遭遇するといううず巻きを形成している。このようなプロセスの随所で住民は政策づくりに関わっている。憲法や自治法で制度化されている選挙や直接請求など（☞図3-1）の他、近年の自治・分権の深化は多様な市民参加の形態を生み出しており、それを★自治体基本条例などの約束事として決定する自治体も少なくない。

住民

★市民参加条例
まちづくり基本条例
★自治体基本条例（*2）
　　など

政策づくりについての約束事

議　会

知事・市町村長

＊1　計画策定への市民参加

　自治体が計画を策定するときに市民の意見を求めるということはあたりまえのことになりつつある。最初は「審議会」のような形式で地域団体や業界団体の代表と学識経験者などの意見を聞くことから始まった。その後、団体の利害を代表しない公募委員が加わるようになり、審議会の運営そのものを市民グループが担うというところまで現れた（たとえば、みたか市民プラン21会議）。現在では、無作為抽出で選ばれた市民たちが議論し、その結果を政策に反映する手法も各地で試みられている。

＊2　★自治体基本条例

　自治体運営の基本を定める条例のこと。「自治体の憲法」とも称される。北海道ニセコ町の「まちづくり基本条例」をはじめ、福島県会津坂下町など各地でワークショップが開かれ、基本条例づくりが進められてきた。2021年12月末日現在、全国の市では309市、37.9％で制定されている（全国市議会議長会調査）。しかし現在は自治法でかなり細かいところまで決められているため、必ずしも自治の基本を全て決められるわけではない。そのために、地方自治法を★地方自治基本法などのように改めるべきだという意見もある。

●国の政策に対する自治体政策の特性

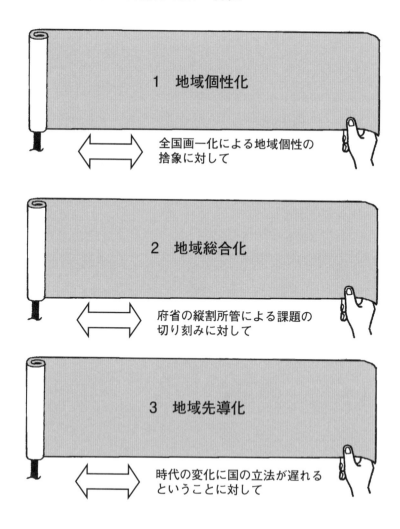

1　地域個性化

全国画一化による地域個性の
捨象に対して

2　地域総合化

府省の縦割所管による課題の
切り刻みに対して

3　地域先導化

時代の変化に国の立法が遅れる
ということに対して

「地方自治は民主主義の学校」といわれるが、それは地域政治が国の政治のミニ版であるということを意味するのではない。国の政治とは異なった自治体政策の特性があり、その特性に応じた自治体ならではの独自課題がある。

自治体の独自課題

I　市民の参加型自発性の結集
　　「直接請求」「住民投票」など

II　シビル・ミニマムの公共保障
　　「総合計画」「政策評価」など

III　地域経済力をともなう都市・
　　農村整備
　　「都市計画」「まちづくり」など

IV　政治・経済・文化の分権化・
　　国際化
　　「市民活動」「住民協議会」など

V　自治体機構の民主化・能率化
　　「アカウンタビリティ」「行政
　　改革」など

松下圭一『政策型思考と政治』東京大学出版会、1991年、57～58頁参照。

ひとこと

　現在の日本では国土を分割して自治体が置かれている。したがってごく一部の例外を除いて、日本には自治体ではない地域は存在しない。

　しかし海外には多様な形態があり、イギリスのパリッシュやアメリカの基礎的自治体のように、権能の範囲を自ら決めているところもある。つまり、まず、市民が集まって、基礎的自治体の仕事を決め、その残余を広域自治体や国が担うしくみになっている。そのため基礎的自治体が存在しないエリアもある。憲法のマッカーサー草案に、自治体が「憲章」を制定できるとされていたのも、このような主旨であった。

［参考文献］今井照『自治体のアウトソーシング』学陽書房、2006年

●*ローカル・マニフェスト（*1）と自治体計画との関係

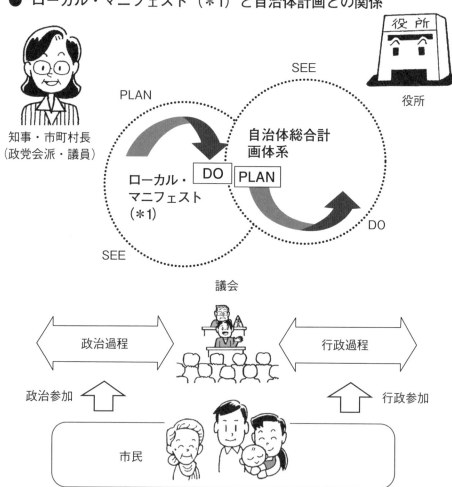

ポイント　自治体政策は「基本構想（10年から20年程度）」「基本計画（5年から10年程度）」「実施計画（3年から5年程度）」「予算（単年度）」という計画体系によって執行されている。これに加えて、知事選挙や市町村長選挙では「マニフェスト」が掲げられることがあり、当選者のマニフェストを計画体系に反映させる作業も必要になる。

●計画体系と評価指標の概念図

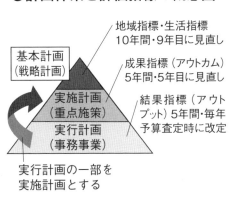

基本計画（戦略計画）

実施計画（重点施策）

実行計画（事務事業）

地域指標・生活指標
10年間・9年目に見直し

成果指標（アウトカム）
5年間・5年目に見直し

結果指標（アウトプット）5年間・毎年予算査定時に改定

実行計画の一部を
実施計画とする

●総合計画体系の例

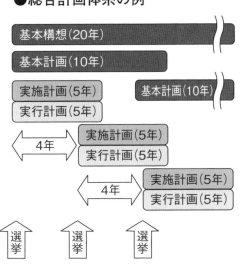

基本構想（20年）

基本計画（10年）

実施計画（5年）
実行計画（5年）

基本計画（10年）

実施計画（5年）
実行計画（5年）
4年

実施計画（5年）
実行計画（5年）
4年

選挙　選挙　選挙

＊1　ローカル・マニフェスト

　これまでの「選挙公約」を要求の羅列とすれば、マニフェストは市民と政治家が取り交わす政策の選択についての約束とされる。一般にマニフェストに求められるのは、①政策指数、②実施期間、③コスト、④手法、⑤工程表であり、このことが明白になれば、後日、具体的なマニフェスト検証が可能になる。2005年の恵庭市長選挙で中島興世さんが掲げたマニフェストは、地域の最重要課題を「子どもたち」の問題であることを示した上で、そこに焦点を絞り、絵本のようにわかりやすいものであったために広く共感を呼んだ。

注意

　マニフェストは市民による選挙を経たものであるが、それがそのまま行政計画になるわけではない。行政活動に対する市民参加や自治体議会における審議、調整などによって、マニフェストを行政計画に翻訳する作業が必要になる。マニフェストに対する評価は、どのように行政計画に反映できたかであり、それが政治家としての首長や議員（政党会派）への評価につながる。そこで、行政計画のローテーションを4年ごとの選挙に合わせる必要がある。

政策循環とマネジメント

[関係条文] 自治法第1条の2第1項

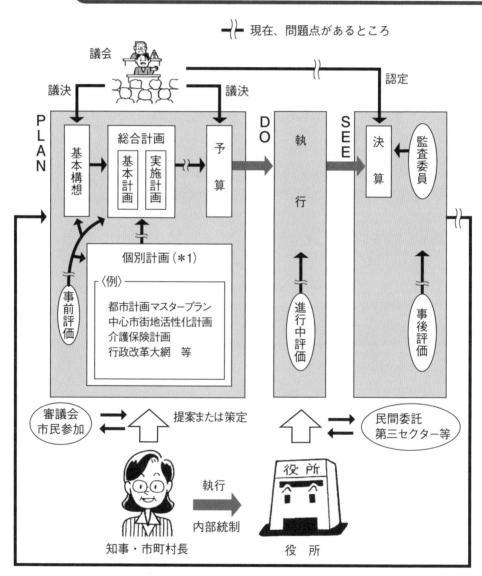

現在、問題点があるところ

議会

議決　　　　　　　　　　　　　議決　　　　　　　　　　　　認定

PLAN　　　　　　　　　　　　　DO　　　　SEE

基本構想　　総合計画　　　予算　　執行　　　決算　　監査委員
　　　　　基本計画　実施計画

個別計画（＊1）

〈例〉
都市計画マスタープラン
中心市街地活性化計画
介護保険計画
行政改革大綱　等

事前評価　　　　　　進行中評価　　事後評価

審議会
市民参加　　　提案または策定　　　　　民間委託
　　　　　　　　　　　　　　　　　第三セクター等

執行
知事・市町村長　　内部統制　　役所

役所

日々の行政は総合計画体系や多数の個別計画に基づいて立案され、議会が決定した毎年の予算を執行する。予算の執行過程ではPDSやPDCAといった経営管理手法を使い、逐次修正しつつ、さらに大きな問題点があれば次の政策形成へ循環させることが求められる（☞図2−1）。一方、国法の制定や改正などによって個別の計画策定を国から要請されることも多く、自治体計画相互の整合性や自治体予算の編成にひずみをもたらすことがある（☞深掘り③）。

現在の問題点

1 政策マネジメントが循環しない
 • プラン（特に予算）づくり偏重
 • 執行結果がプランに反映しない
2 整合性のない計画が林立している
 • 計画と予算がつながっていない
 • 国からの要請によって縦割り個別計画
  が策定される
3 市民協働の不足
 • 議会の市民合意形成力が欠如している
 • 実質的な市民参加が進まない

先駆自治体の取組み

1 政策評価
 • 行政評価の公開
 • 政策体系の再編
2 議会の活性化
 • 議決事件の追加
 • 議員立法
3 NPMからPPPへ（＊2）
 • パートナーシップ協定による計画づくり
 • 市民活動

＊1 個別計画
 自治体には数多くの個別計画がある。一説によれば200を超える計画があるといわれている（新川達郎「自治体計画の策定」、西尾勝・村松岐夫編『講座行政学第四巻 政策と管理』有斐閣、1995年）。これらの多くは個別法や省庁の要請により、たとえば補助金支出の前提条件として求められているもので、個別計画相互の整合性に問題があることも少なくない。

＊2 NPMからPPPへ
 NPM（ニュー・パブリック・マネジメント）とは、民間企業の経営手法をできる限り行政の運営に活かそうとする考え方。PPP（パブリック・プライベート・パートナーシップ）とは、政治主導型のNPMに対して、住民の参加・協働を重視する考え方で、イギリスのブレア政権時代のベスト・バリュー施策が代表的。

[関係資料] 各地の情報公開条例、パブリックコメント条例

公文書開示制度のしくみ（例）

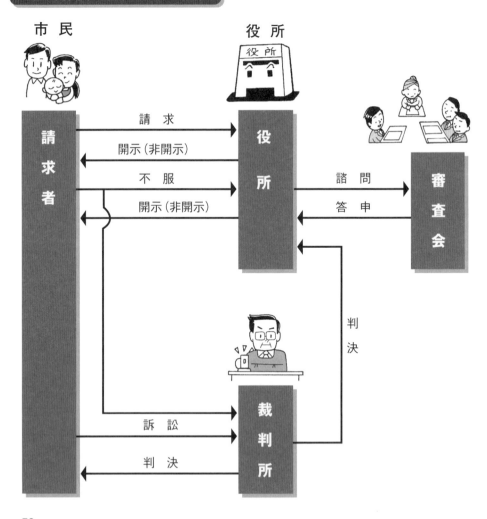

市　民

役　所

請求者　─請　求→　役所　─諮　問→　審査会

開示（非開示）

不　服　答　申

開示（非開示）

判決

訴　訟　裁判所

判　決

役所が持っている情報を市民と共有することが情報公開の目的である。ただし、一般には市民の請求によって役所が保有する公文書を開示する公文書開示制度の意味で使われることが多い。総務省の調査では、2020年4月現在、全ての都道府県と1,740の市町村と特別区が情報公開条例（規則・規程・要綱などを含む）を制定している（市区町村の制定率99.9％）。どの機関の情報まで公開するか（警察・第三セクターは？）、立案途中の情報を公開するかなど、今後の課題も少なくない。

●情報公開と公文書開示（＊1）

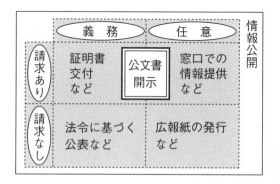

●パブリックコメントのしくみ（例）（＊2）

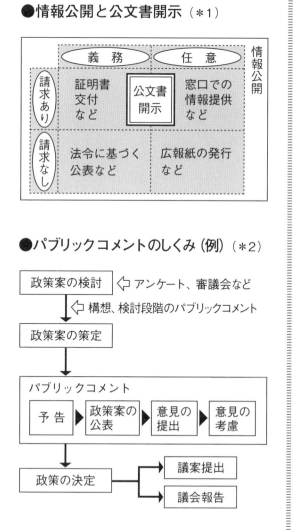

＊1　情報公開と公文書開示

　情報公開の進展を次のように考えることができる。

第1段階　公文書開示
●請求されたら応える（隠さない、うそはつかないなど）

第2段階　情報公開
●必要なときに情報を得られる（資料室での相談、ホームページでの公開など）

第3段階　情報共有
●市民生活の課題解決のために市民と協働する（特定テーマに関する論点整理、パブリックコメントなど）

＊2　パブリックコメント

　重要な政策立案や規制の緩和に際して、市民などから意見を求め、さらにそれに対する考え方をまとめて公表する一連の流れのこと。自治体では2000年4月からいくつかの都道府県で始まり、横須賀市市民パブリック・コメント手続条例や石狩市行政活動への市民参加の推進に関する条例など、条例化が進んでいる。その他、規則や要綱などで定めているものを含めると1,041の自治体で制度化されている（2017年10月現在）。

増え続ける自治体計画

ポイント 　行政は市民との約束事に基づいて行動するので、あらかじめ計画を立てておくことは必要不可欠だが、それにしても自治体には計画が多すぎる。その多くは国からの要請によって策定され、自治体の負担になっている。

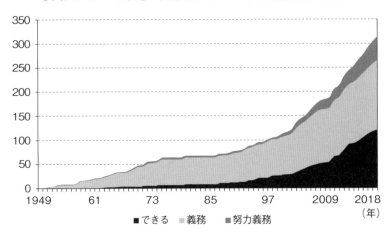

●国法によって策定が要請されている市町村計画数の推移

■できる　■義務　■努力義務

（年）

〔出所〕今井照「国法によって策定要請される自治体計画リスト」『自治総研』2021年9月号より作成

・国法以外にも、通知や補助金要綱などで国から策定が求められる計画も多い。

・自治体側の負担が大きいばかりではなく、結果的に、自治体の総合計画との離齬が生じ、計画のための計画になって実効性を持たないことも少なくない。

・国は「計画策定等における地方分権改革の推進について〜効率的・効果的な計画行政に向けたナビゲーション・ガイド〜」を閣議決定し（2023年3月31日）、各府省に自省を求めている。

③

住民と自治体

住民とは

[関係条文] 憲法第93条、自治法第10条〜第13条、第18条、第19条

住民＝「自治の主体」

住所を有する者（＊2）

直接選挙

1 選挙する権利
- 18歳以上（2016年より）
- 引き続き3ヵ月以上住所を有する者

2 選挙される権利
- 議員　　　25歳以上（引き続き3ヵ月以上住所を有する者）
- 知事　　　30歳以上
- 市町村長　25歳以上

1 知事、市町村長
2 自治体議会の議員
3 法律の定めるその他の吏員（＊1）
4 広域連合の長、議員（規約で定める場合）

仕事ぶりに対する直接の意思表明

ポイント　自治の主体は、もちろん住民である。住民は、直接、選挙で自治体行政の長や自治体議会の議員を選挙する。つまり、通常は代表者による間接民主制によって運営されているが、随時、直接民主制の手法に基づいて、住民は自治体の仕事や職員の仕事ぶりに対して、具体的な意思表明をすることができる。

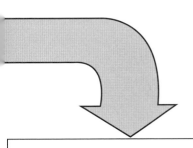

1 自治体の役務の提供をひとしく
　受ける権利を有する
2 負担を分任する義務を負う

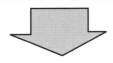

Ⅰ ★直接請求
　1 条例の制定改廃請求(☞図3−4)
　2 事務の監査請求(☞図3−5)
　3 議会の解散請求(☞図3−7)
　4 解職請求 (議員、長、副知事・副
　　市町村長、選挙管理委員、監査委員、
　　公安委員、教育長・教育委員　等)
　　(☞図3−7、3−8)

Ⅱ ★住民投票(☞図3−9)

Ⅲ ★住民監査請求・訴訟(☞図3−5、
　　3−6)

＊1　法律の定めるその他の★吏員

　憲法では「法律の定めるその他の吏員」を住民が直接選挙することになっているが、現在、該当するものはない。憲法制定直後は「★教育委員会の委員」の公選制がこれにあてはまるものであった(1956年廃止)。

＊2　住所を有する者

　自治の主体である「住民」の定義は「住所を有する者」であり、自然人、法人、国籍を問われない。

　一方、選挙に参与する権利の主体としては、自治法で「日本国民たる普通地方公共団体の住民」と定義されているので、法人や外国籍の住民は除かれる。

　しかし最近では定住外国人の自治体選挙への参政権が強く主張されている。判例でも、法律をもって選挙権を付与することは禁止されていないと判示されている(最高裁1995年2月28日)。

市民活動

[関係法律] 特定非営利活動促進法（NPO法）

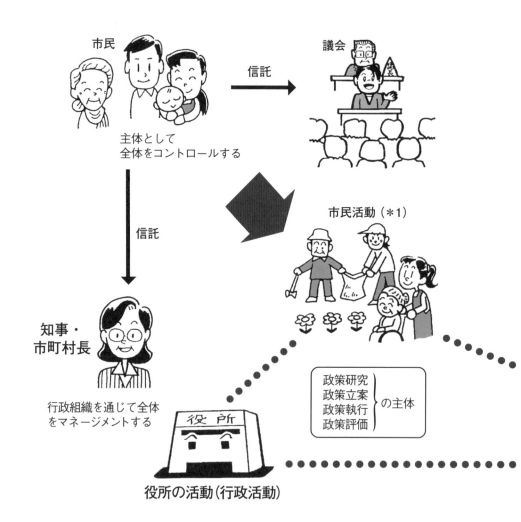

市民

信託

議会

主体として
全体をコントロールする

信託

市民活動（＊1）

知事・
市町村長

行政組織を通じて全体
をマネージメントする

役所

政策研究
政策立案
政策執行
政策評価 ｝の主体

役所の活動（行政活動）

　自治体の★公共政策は「★行政活動」「★市民活動（団体活動）」「★企業活動」の３つの主体の活動によって担われている（☞図１－４）。これらの政策の源泉は、自治の主体としての市民であり、直接、それぞれの活動主体であったり、政治主体であったりすることもあるが、一般的には、議会を通じて、あるいは首長を通じて公共政策全体を統括している。つまり、「市民活動」「企業活動」は政策主体として独自に活動することもあるし、行政活動の執行を分担することもある。

自治立法（条例）を通じて
全体を調整・統合する

企業活動

＊１　市民活動

　市民活動のことを「★市民セクター」「★NPO」「NGO」とも呼ぶ。これまでの公共政策は、行政活動とそこから「委託（契約）」された「企業活動」が中心であったが、市民自治の進展は、公共政策の実施主体としての市民活動や企業活動の充実につながっている。

　1998年にNPO法が成立し、「★特定非営利活動法人」の認証が進んでいる。また、2001年10月からは税制の支援を受ける「認定NPO法人」制度もスタートした。

　欧米ではこういう市民活動のことを「★第三セクター」と呼ぶが、日本で「第三セクター」というと、政府の出資法人を指すことが多い。

ひとこと

　マンションの管理組合のように、みんなが順番で仕事を分担し合うというのが「行政」の理想形ではあるが、現実には難しいので、市民が役所に行政活動を信託している。一方、地域社会や経済活動を通じて、公共的な活動をしている市民や企業も増えてきた。つまり「公共政策＝政府政策」ではなくなり、市民も企業も行政も公共政策の主体の一員なのである。

3-3 市民との協働の課題

[参考文献] 佐藤徹 他『新説市民参加 改訂版』公人社、2013年

協働が直面している問題点

1 市民の大多数の気持ちが自治体政策に通じない（*1）

市民

地域の課題

議会
知事・市町村長

2 役所の都合で市民活動を使っている？

役所
事業に対して「仕様書」（契約）
運営に対して「補助金」
市民活動なんだから安くあげてね
「決められたとおりやれ」というのか
仕様書

3 首長や職員が変わるとコロリと態度が変わる

議会
市民
知事・市町村長
基本条例（約束！）

ポイント　　自治体が市民の意思に添って運営されるのはあたりまえのことだが、市民（活動）との協働という課題はさらに新しい問題を提起している。実際に協働のあり方を突き詰めてみると、役所や議会自身こそが改革を迫られていることに気づかされる。

解決の方向

★住民投票法（＊2）
★市民参加条例
議会改革 ┤ 議会への市民参加
　　　　　合意形成機能の回復
　　　　　議会のガバナンス機能を拡充

企画立案段階からの市民事業化
★市民活動支援の基金化
パートナーシップ協定の締結
事業協定書に基づく負担金の支出（協働契約）

★自治体基本条例＝自治体の憲法
　自治体ごとに、市民、議会、首長の大まかな約束事を定め、問題が生じたときの手続きを決める

＊1　市民の気持ち

　本来、議員も知事・市町村長も市民の選挙で選ばれているのだから、市民の大多数と議会や首長の意向とが異なることはないはずである。しかし、選挙では包括的に議会や首長に自治体の仕事を信託しているので、実際に個別の地域課題となると、市民の気持ちが伝わらないという事態が生じる。あるいは議会と首長との意向が分かれることもある。それを調整する手段としてあるはずの★住民投票は、住民請求の場合にはほとんどが議会で否決されている。

＊2　★住民投票法

　★住民投票を求める有権者が一定数以上の場合には、議会はこれを拒めずに住民投票が実施できるようにするための住民投票法を作ろうという動きがある。ただし、住民投票の対象事項やその効力についてはさまざまな意見がある。詳しくは、〔国民投票／住民投票〕情報室のホームページ（http://ref-info.com/）参照。

3-4 住民の*条例制定請求

[関係条文] 自治法第74条、第74条の2

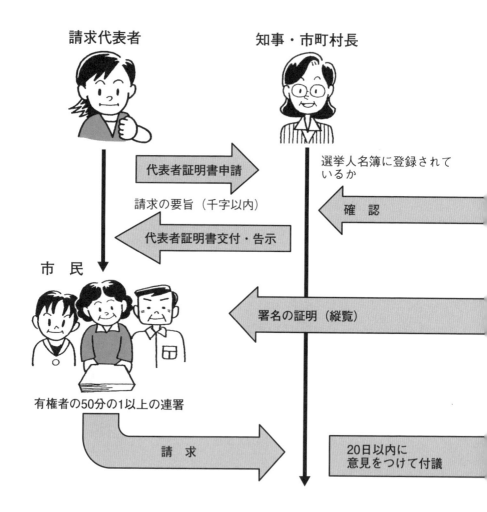

請求代表者

知事・市町村長

代表者証明書申請

選挙人名簿に登録されて
いるか

請求の要旨（千字以内）

確　認

代表者証明書交付・告示

市　民

署名の証明（縦覧）

有権者の50分の1以上の連署

請　求

20日以内に
意見をつけて付議

自治体の重要な意思決定である条例は、ほとんどの場合、首長か議員によって提案され、自治体議会で決定される。市民が積極的に自治体としての意思決定を提案しようとするときに、条例制定改廃の直接請求が行われる。2018年度から2020年度までの3年間、全国の自治体では、住民から42件の条例制定請求が議会にかけられたが、可決0件、修正可決3件、否決39件と9割以上が否決されている（総務省『地方自治月報』第60号）。

選挙管理委員会

自治体議会

可決成立（否決）

●直接請求できない条例案
　★地方税の賦課徴収・分担金、使用料、手数料の徴収に関するものは直接請求ができない。

●署名期間
　代表者証明書の告示から
• 2ヵ月（都道府県）
• 1ヵ月（市町村）
　ただし、国や自治体の選挙があるときは、一定期間、署名を求めることができない。

ひとこと

　自治体において市民が住民投票を求めるときは、この制度を活用して住民投票条例の制定を直接請求することになるが、成立までのハードルは高い。そのため、常設型の住民投票条例（市民参加条例）を制定する自治体もある（☞図3−9）。

[関係条文] 自治法第75条、第242条 第242条の2

事務の監査請求

根　拠・法第75条
請求人・有権者の50分の１以上の連署
対　象・事務全般
期　限・特に定めはない
期　間・特に定めはない
訴　訟・通説では争訟はできないとされ
　　　　ている

ちがい

〔共通すること〕　請求先・*監査委員
　　　　　　　　　決　定・監査委員の合議による

市民が自治体運営に直接参加する制度のひとつである監査請求には「★事務の監査請求」と「★住民監査請求」の2種類がある。沿革から、その趣旨や目的が異なり、別個の制度とされているが、実際にはほとんど差異がなく、現実に多く活用されているのは「住民監査請求」である。

住民監査請求

根　拠・法第242条
請求人・住民（国籍、選挙権、法人等を問わない。ひとりでもできる）
対　象・財務会計上の行為（＊1）
期　限・対象となる行為があった日（または終わった日）から1年以内
期　間・請求があった日から60日以内
訴　訟・監査結果や措置に対して不服等がある場合は争訟することができる（＊2）（＊3）
その他・請求人に証拠の提出、陳述の機会を与えなければならない
　　　　必要な場合には、監査結果が出るまで当該行為の停止を勧告できる（2002年改正）（＊4）

＊1　財務会計上の行為
●違法、不当な公金の支出、財産の取得（管理、処分）、契約の締結（履行）、債務その他の義務の負担
●違法、不当な公金の賦課（徴収）、財産の管理を怠る事実

＊2　訴訟ができるとき
●監査の結果、勧告、議会・首長・職員等の措置に不服があるとき
●監査委員が監査、勧告を行わないとき
●議会・首長・職員等が措置を講じないとき

＊3　訴訟における請求の内容
●当該行為の差止めの請求
●当該行為の取消し、無効確認の請求
●「怠る事実」の違法確認の請求
●当該職員に対する損害賠償の請求、不当利得返還の請求など（☞図3－6）

＊4　当該行為の停止勧告ができるとき
●違法と思料する相当な理由
●回復困難な損害のおそれ
●当該行為を停止しても、生命身体の危険がなく、公共の福祉を著しく阻害しない

職員の賠償責任

[関係条文] 自治法第199条の3、第242条の2、第242条の3、第243条の2（2024年4月から第243条の2の7）

4号訴訟 (＊1)

1 知事・市町村長個人に対する損害賠償（不当利得返還）請求

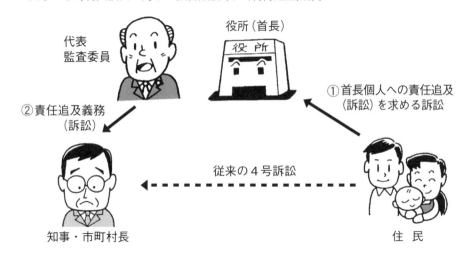

代表監査委員
役所（首長）
①首長個人への責任追及（訴訟）を求める訴訟
②責任追及義務（訴訟）
従来の4号訴訟
知事・市町村長
住 民

2 職員個人に対する賠償命令、損害賠償（不当利得返還）請求

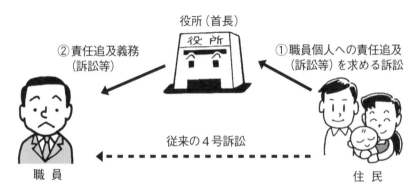

②責任追及義務（訴訟等）
役所（首長）
①職員個人への責任追及（訴訟等）を求める訴訟
従来の4号訴訟
職員
住 民

市町村長や知事を含む職員が法に触れるようなことをすれば、職務に関係しようとしなかろうと責任が生じるのは当然のことである。しかし法に触れるまでもなく、会計や予算執行において、たとえば現金や備品の管理に過失があれば、その賠償責任を負う場合がある。さらに、たとえ職務に精励していたとしても、結果的に自治体に対して損害を与えたような場合には、住民訴訟によって個々の職員の賠償責任が問われることもある（4号訴訟）。

会計や予算執行に関する損害賠償

（例）

職員

現金・備品などの亡失、損傷など

支出決定、支払手続、工事検査など

故意または重大な過失（現金については故意または過失）

③ 賠償命令

知事・市町村長

監査委員

① 監査請求

② 職員の賠償責任の有無、賠償額の決定

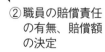

＊1　4号訴訟

　自治法第242条の2第1項第4号による訴訟のこと（2002年改正）。

　1998年6月、山口地裁は日韓高速船訴訟でかつての市長個人に対し、約8億4,500万円を市に返済するように命じた（2001年5月、広島高裁の二審では3億4,100万円に減額。2005年11月、最高裁では棄却）。しかし市議会も含めて自治体としての意思決定に基づいた行為であるにもかかわらず、市長個人が賠償責任を負うということの不合理性が問題になった（☞図4−9）。

　2002年改正では、このような場合、まず住民が役所（組織としての市長）に対して、市長個人に対する「損害賠償請求訴訟を求める訴訟」を行い、その結果によって、代表監査委員が改めて市長個人に対する損害賠償を求める訴訟を行うように制度が変更された。しかしその結果、知事・市町村長やその職員に対する損害賠償（不当利得返還）請求権を議会の議決で放棄する自治体が出現した。そこで、2017年改正では軽過失の場合に限って一定額を条例で免除する規定が設けられた（免除条例）。この条例を制定するときには監査委員の意見を聴くことが求められている。

住民の*議会解散請求と議員・首長*解職請求

[関係条文] 自治法第76条〜第85条

請求代表者（＊1）

代表者証明書の申請

代表者証明書の交付・告示

有権者の3分の1以上の連署

議会の解散
議員の解職　　の請求
首長の解職

有権者数が40万超〜80万の場合
「40万を超える数×1/6＋40万×1/3」
有権者数が80万超の場合
「80万を超える数×1/8＋40万×1/6＋40万×1/3」
（2012年改正）

投票の実施

有効投票の過半数の同意があれば
「議会の解散」「議員の解職」「首長の解職」が決定

ポイント

　自治体議会の議員も知事、市町村長も、住民の直接選挙によって選出されているが、争点によっては住民の総意とは異なる意思をもったり、何らかの事情で機能が麻痺することも考えられる。その場合に、住民が議会の解散、議員の解職、首長の解職を請求し、住民の過半数の同意でこれらを決定することができる。

選挙管理委員会

* 1　請求代表者

　請求代表者はその選挙の有権者で、一人でも複数でもかまわない。従前は国と自治体の公務員は請求代表者になれなかったが、2009年の最高裁判決により、当該自治体の選挙管理委員とその職員以外は請求代表者になれることになった（2011年改正）。

●請求時期の制限
「議会の解散」
- 議員の一般選挙から1年間
- 解散の投票の日から1年間

「議員の解職」「首長の解職」
- 就職の日から1年間
- 解職の投票の日から1年間
- ただし無投票当選であった場合には制限なし

●投票の時期（議会の解散）
「投票日」
- 議会解散請求を受理した旨の告示をした日から60日以内

「投票期日の告示」
- 都道府県に関する請求は、少なくとも30日前
- 市町村に関する請求は、少なくとも20日前

67

住民の幹部職員[★]解職請求

[関係条文] 自治法第86条〜第88条、地教行法第8条

住　民

辞めさせたい
- 副知事・副市町村長
- 指定都市の総合区長
- 選挙管理委員
- ★監査委員
- 公安委員
- 教育長・★教育委員（＊1）

知事・市町村長

有権者の3分の1以上の連署

解職請求

付議

●有権者数が40万超〜80万の場合「40万を超える数×1/6＋40万×1/3」、有権者数が80万超の場合「80万を超える数×1/8＋40万×1/6＋40万×1/3」（2012年改正）

68

憲法第93条では、法律で定める自治体の「★吏員」について、住民が直接選挙することになっているが、現在、それにあてはまるケースはない。ただ、主として議会で同意したり、議会が選出した幹部職員を辞めさせたいときに直接請求ができることだけが、憲法の意向を体現している部分になっている。

議　会

議員の３分の２以上が出席し
その４分の３以上の同意で
失職が決定

＊1　教育長・教育委員

　教育長・教育委員の解職請求は地教行法で定められている。かつて漁業法で定められていた海区漁業調整委員については、2018年に選挙制度が廃止され、知事の任命制に変わったことから解職制度も廃止された。

**●条例制定改廃の手続きと
異なる点**

• 請求を受けた首長が議会を招集する期限が定められていない。

• 首長が付議するにあたって、意見を付すという規定がない。

ひとこと

　現在、実際に自治法に基づく幹部職員の解職請求が行われる例は聞いたことがない。そもそも住民が、これらの職にある人たちの行為などについて知る機会は全くないに等しい。何らかの事情が生じたとしても、そのような役職者を選出した議会や首長の責任が問われることになるだろう。

3-9 ★住民投票

[関係条文] 憲法第95条、自治法第76条〜第85条 等

住民投票の
パターン

特別法の同意
- 憲法第95条
- ひとつの自治体にのみ適用される特別法を国会が制定するとき
- 住民投票で過半数の同意が必要

解散、解職の同意
- 自治法第76条〜第85条
- 議会の解散、議員の解職、首長の解職についての直接請求があったとき（☞図3−8）
- 住民投票で過半数の同意があれば解散、解職が決定

地域の争点

争点 → 住民の条例制定直接請求

知事・市町村長（議会）
の条例提案 → 議会で住民投票条例可決

合併
- 住民発議または知事の勧告による合併協議会設置が議会で否決されたとき、住民投票の過半数の賛成で議決を経たとみなす（合併特例法）

70

制度的な住民投票は、憲法第95条による★特別法の制定の同意と、解散や解職の直接請求の手続きに必要な同意などがある。公共施設の建設など、地域に生起するさまざまな争点について、住民の意向を確認する手段として各地で住民投票が実施されている。

注　意

2000年代前半の市町村合併期には各地で住民投票が実施されたが、重要な政策の争点については今後も住民投票を活用すべきだろう。首長側からばかりではなく、市民側からも住民投票を求めやすくするために、我孫子市のように常設型の市民投票条例を制定している自治体もある。

住民投票

●住民投票の特徴

1996年8月実施の新潟県巻町（原発立地の是非）、1996年9月実施の沖縄県（アメリカ軍基地の存続）、1997年6月実施の岐阜県御嵩町（産業廃棄物処理場の是非）など、具体的に住民投票が実施された場合の特徴をみると、個々の自治体では決定されにくいことが取り上げられてきた。

一方、直接請求された住民投票条例案が否決される場合は、議会意思が住民の意向と異なる案件のことが多い。これでは直接請求制度の本来の意義が薄れてしまう。

また最近では、庁舎や公共施設などの建設をめぐる住民投票が増えている。2015年高島市、壱岐市、つくば市、新城市、2016年南アルプス市、2020年和泉市などで実施されている。

●大都市地域特別区設置法

この他、2012年に制定された大都市地域特別区設置法に法定の住民投票制度が設けられている（☞図4-4）。

3-10 | 町内会と *認可地縁団体

[関係条文] 自治法第260条の2

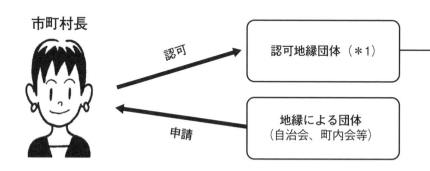

市町村長

認可 → 認可地縁団体（＊1）

申請 ← 地縁による団体
（自治会、町内会等）

●戦時体制の部落会町内会 （1940年）

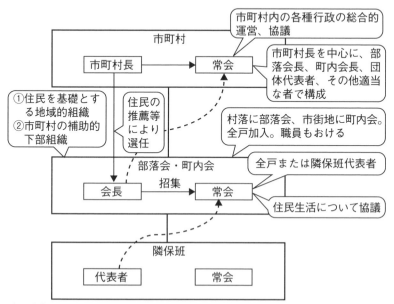

市町村

市町村長 → 常会 ← 市町村内の各種行政の総合的運営、協議

市町村長を中心に、部落会長、町内会長、団体代表者、その他適当な者で構成

①住民を基礎とする地域的組織
②市町村の補助的下部組織

住民の推薦等により選任

村落に部落会、市街地に町内会。全戸加入。職員もおける

部落会・町内会

会長 → 招集 → 常会 ← 全戸または隣保班代表者

住民生活について協議

隣保班

代表者　　常会

〔出所〕「部落会町内会等整備要領」1940年9月11日内務省訓令第17号より作成

戦前の町内会等は、物資の配給など、実質的に行政組織の一端として戦時体制を担ってきたこともあり、戦後の一時期、活動を禁止されていた。その後、地域コミュニティの重要性が認識され、そのひとつの担い手として町内会等にも期待が寄せられるようになり、認可地縁団体制度が設けられた。認可を受けると、たとえば町会会館等の保有財産を、個人名義ではなく、団体名義で登記することができる。

地域的な共同活動（＊2）のために、次のことができる
• 土地、建物に関する権利
•「立木」の所有権、抵当権
• 金融資産（国債、地方債、社債）の登録

◆地域運営組織

　総務省は市町村合併や農協の撤退などに伴う地域運営の代替主体として地域運営組織の形成を掲げている。総務省の調査によれば、このような地域運営組織は2022年度に全国で7,207団体が存在するという。

　しかしその実態は、自治会・町内会を構成員とするのが78.2％、市区町村からの助成金・交付金等を収入源とするのが84.0％であり、行っている事業も祭り・運動会・音楽会などの運営が68.4％となっていて、期待されている姿とはほど遠く、現実的には困難が多い。

＊1　認可地縁団体
　自治法は認可地縁団体について次のような制約を課している。
• 自治体その他の行政組織の一部とすることを意味するものと解釈してはならない
• 正当な理由がない限り、その区域に住所を有する個人の加入を拒んではならない
• 民主的な運営の下に、自主的に活動するものとし、構成員に対し不当な差別的取扱いをしてはならない
• 特定の政党のために利用してはならない

＊2　地域的な共同活動
　その区域の住民相互の連絡、環境の整備、集会施設の維持管理等良好な地域社会の維持、形成に資する活動で、現にその活動を行っているもの。

注意

　町内会にとって、現在の社会意識の下では、幅広い住民の参加による民主的な運営をするのはきわめて困難となっている。自治体行政によっては、町内会等の役員の意思を住民全体の意思を代表するものとして処理する傾向があるが、これは厳に慎まなければならない姿勢であろう。

住民の定義が変わる？

ポイント

　　現在、住民であるか否かを判断する基準は「居住の事実」と「居住の意思」の両面とされているが、なかでも「居住の事実」が重視される。しかし移動社会化やデジタル化が進むと、将来的には住民の定義を見直さざるを得ないかもしれない。

・自治法では、「市町村の区域内に住所を有する者」（自治法第10条）を住民と定義しているが、「住所」は民法で次のように定められている。

> ●民法
> （住所）
> 第22条　各人の生活の本拠をその者の住所とする。
> （居所）
> 第23条　住所が知れない場合には、居所を住所とみなす。

・現在でも単身赴任や就学などの事情で複数の「生活の本拠」や「居所」を持っている人たちは少なくないが、今後は二地域居住やダブルワークが進展して、ますます住所を一つに決めることは難しくなる。

・将来的には「主観的居住意思」だけで住民への公共サービスを提供せざるを得ないという意見も出ている。あるいは、複数の地域に住民登録をして、税金や選挙権を分割するという手法もあり得るかもしれない。

4

自治体の
種類

4-1 自治体の種類

[関係条文] 自治法第1条の3

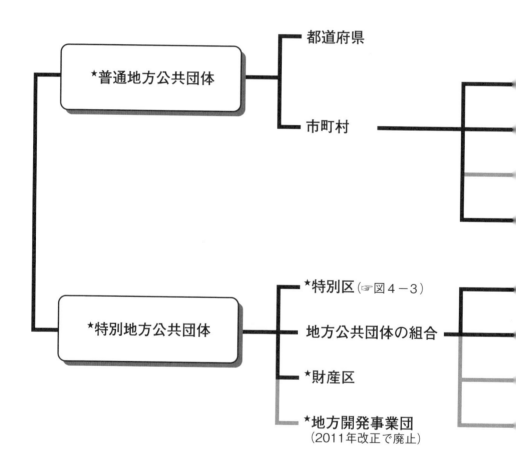

自治体の種類は「普通地方公共団体」と「特別地方公共団体」に分類されている。しかし一方で、自治・分権の進展に伴い、地方自治制度は多様な形態が模索されており、広域連合、中核市等の制度が順次導入されてきた。また都の特別区制度も順次改革されてきており、実際には「特別地方公共団体」の枠組みを越えた姿を現している。

★指定都市（☞図4－2）

★中核市（☞図4－2）

特例市（2014年改正で廃止）

その他の市町村

★一部事務組合（☞図4－7）

★広域連合（☞図4－7）

★全部事務組合（2011年改正で廃止）

★役場事務組合（2011年改正で廃止）

● 憲法上の地方公共団体

　通説では「憲法上の地方公共団体」を「普通地方公共団体」に限っているが、2000年4月施行の特別区制度改革により、特別区も「基礎的な地方公共団体」と明記されたので、当然「憲法上の普通地方公共団体」に含まれる。

●その他の団体

　実際にはこの他に自治体が事務処理する組織として、いわゆる「★第三セクター」が大きな役割を担っている。いわゆる「第三セクター」には、特別法にもとづく「地方道路公社」「土地開発公社」「地方住宅供給公社」の他、各種の公益法人や株式会社があり、全国の自治体で実質的に公共的な仕事の実施主体になっているが、広域的な「特別地方公共団体」の代替策としても広く活用されている。一方で数々の問題点も指摘されており、そのあり方に改革が求められている（☞図4－8）。

大都市制度（都区制度、指定都市、中核市）

[関係条文] 自治法第252条の19、第252条の22

一般の市町村と県の関係

広域自治体の仕事

都道府県

基礎的自治体の仕事

市町村

大都市と県の関係

道府県

★指定都市（＊2）
人口50万以上の
市のうちから政令で指定

★中核市
人口20万以上の市の申出に
基づき政令で指定
（2023年4月現在62市）

●指定都市の事務配分の特例
都道府県が処理する事務のうち、
・民生行政に関する事務
・保健衛生に関する事務
・都市計画に関する事務
を処理する。
●中核市の事務配分に関する特例
指定都市が処理する事務のうち、
・道路法に関する事務
・児童相談所の設置
などが除かれる。

◆施行時特例市

　2014年改正で特例市制度が廃止されたが、その時点で特例市に指定されていた都市については経過措置が設けられている。2023年4月現在で23市が該当する。

一般に自治体は★広域自治体としての都道府県と、★基礎的自治体としての市町村とで構成されるが、大都市には特例がある。ひとつは規模に応じた指定都市、中核市の制度で、もうひとつは東京都の特別区制度（制度としては東京都以外にも設置可能）である。自治体としての力量を高める制度ではあるが、広域自治体との調整や地域内分権のあり方など、課題もある。

都と特別区の関係（＊1）

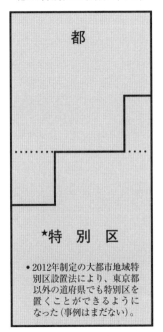

都

★特別区

• 2012年制定の大都市地域特別区設置法により、東京都以外の道府県でも特別区を置くことができるようになった（事例はまだない）。

注意

指定都市には、その区域を分けて「区」を置くことになっている。これは都制の「特別区」と同じ「区」という名称を使用するが、全く別の概念なので、区別するために「行政区」と呼ばれる（☞図4−3）。また指定都市には区に代えて「総合区」を設けることができる（2014年改正）。一部の地域自治区と合併特例区も住所に「区」と表記することができる（☞図4−6）。

＊1　★東京都制
　戦時中の1943年に東京市の廃止によって制度化され、地方自治法に引き継がれた。
　東京市が東京都に吸収された理由について、当時は「帝都の国民防衛陣の強化に、国民指導の徹底に、将又生活必需物資の配給に、交通、清掃及び水道等の諸事業の円滑、適実を期することに」と述べられている（加藤陽三『東京都制概説』良書普及会、1943年）。

＊2　指定都市
　当初の自治法では都道府県から分離される「★特別市」制度が設けられていたが、現実には指定されず、1956年の改正によって現在の指定都市制度が導入された。そのときに指定されたのは大阪市、名古屋市、京都市、横浜市、神戸市の5都市。1963年に北九州市、1972年に札幌市、川崎市、福岡市、1980年に広島市、1989年に仙台市、1992年に千葉市、2003年にさいたま市、2005年に静岡市、2006年に堺市、2007年に新潟市と浜松市、2009年に岡山市、2010年に相模原市、2012年に熊本市が指定都市に移行し、現在20都市。

4-3 ˣ特別区とˣ行政区

[関係条文] 自治法第252条の20、第281条、第281条の2

特　別　区

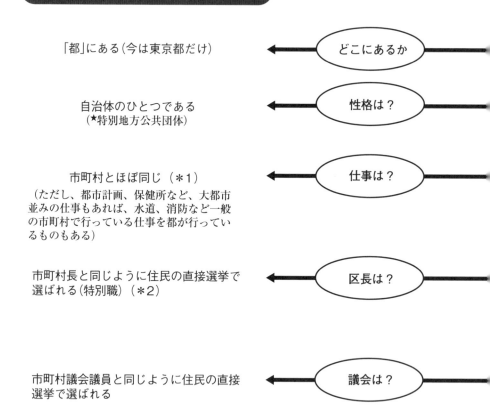

「都」にある（今は東京都だけ） ← どこにあるか

自治体のひとつである
（★特別地方公共団体） ← 性格は？

市町村とほぼ同じ（＊1）
（ただし、都市計画、保健所など、大都市
並みの仕事もあれば、水道、消防など一般
の市町村で行っている仕事を都が行ってい
るものもある） ← 仕事は？

市町村長と同じように住民の直接選挙で
選ばれる（特別職）（＊2） ← 区長は？

市町村議会議員と同じように住民の直接
選挙で選ばれる ← 議会は？

◆大都市地域の特別区

　都区制度における特別区の他に、指定都市を含む市町村を廃止し
て設置される特別区がある（☞図4－4）。

東京都には「新宿区」「渋谷区」といった「区」があり、大阪市や横浜市などの指定都市には「住之江区」「港北区」といった「区」があるが、2種類の「区」は同じ「区」という名前をもちながら、全く別物である。前者は「特別区」、後者は「行政区」と呼ばれて区別される。特別区は自治体そのものであり、行政区は自治体の区域割のひとつである。

行　政　区

➡ 「★指定都市」にある

➡ 自治体の区域割のことである

➡ 市町村の支所、出張所並み
（ただし選挙管理委員会は必置）

➡ 市長の任命による（一般職）
- 2014年改正で指定都市の区に代わり「総合区」を設け、議会の同意を得て選任される総合区長を置くことができるようになった

➡ ない

＊1　特別区の仕事

　都と特別区制度は、戦後、数次にわたり、都の仕事を特別区に移譲する方向で改正されてきた。一般の市町村と都道府県との制度改革とは別個に進んできたため、一般には指定都市が行っている仕事を特別区が担うようになる一方で、水道、消防など、依然として都が市町村事務を手離さないものもある。

　財政についても、一般には市町村税となっているものが、都税とされて都に歳入されているものがある。都と特別区との間には、都が歳入している市町村税の一部を原資とした★都区財政調整制度がある。

　清掃事業の特別区への移管、水平的財政調整制度への移行をはじめとした★都区制度改革が2000年4月に実施された。

　この結果、特別区は「基礎的な地方公共団体」と明文化され、名実ともに★基礎的自治体となった。しかし、依然として都に財源が集中するしくみは変わっておらず、課題も残されている。

＊2　★区長公選

　自治法制定時、区長は公選制であったが、1954年、すぐに任命制に変わった。その後、市民による準公選運動もあり、1974年の改正によって公選制に戻った。

大都市地域の特別区

[関係法律] 大都市地域特別区設置法

●指定都市を含む市町村を廃止して特別区を設置する制度

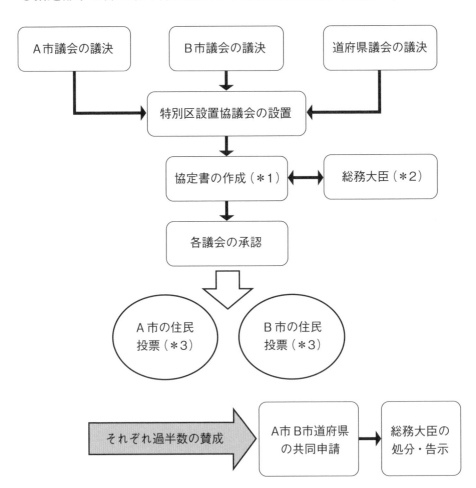

「大阪都構想」や「特別自治市」など大都市制度についての提案に対し、国政の与野党が調整してまとめあげたのが大都市地域特別区設置法で、2012年8月に成立した。この法に基づき、2015年5月と2020年11月に、大阪市を廃止して特別区を設置する住民投票が実施されたが否決された。

大阪都構想

- この制度が創設された背景には「大阪都構想」がある。2008年2月に大阪府知事に当選した橋下徹知事は2010年4月に「大阪維新の会」を発足させ、大阪市と堺市を再編する「大阪都構想」を打ち出す。その後、国政において与野党の調整が整い、大都市地域特別区設置法が可決された。
- しかし、堺市が都構想への不参加を表明するなど、反対意見は根強く協議は難航した。その後、公明党が態度を変えて住民投票に賛成（協定書には反対）したため、2015年5月17日に住民投票が実施され、反対多数で否決された。
- さらに5年後の2020年11月1日、新たな再編案を問う2回めの住民投票が実施されたが、再び反対多数で否決された。

*1　特別区設置協定書
①設置日
②名称・区域
③財産処分
④議会の議員定数
⑤道府県との事務分担
⑥道府県との税配分・財政調整
⑦職員の移管
⑧その他必要な事項

*2　総務省との協議
　税源配分、財政調整、事務分担の3項目のうち、国が法制上の措置やその他の措置を講ずる必要があるものについては速やかに協議が調うように努める。すなわち、国との事前協議が不調に終わる可能性もあり、その場合には必要な法改正ができないことになる。

*3　住民投票
　全議会の承認を受けた日から60日以内に関係市町村で住民投票を実施し、それぞれの市町村で有効投票の過半数の賛成を得た場合、特別区の設置を総務大臣に申請できる。

4-5 ★都区財政調整制度

[関係条文] 自治法第282条、第282条の2

●都区財政調整制度の概要と税配分（2019年度決算、単位兆円）

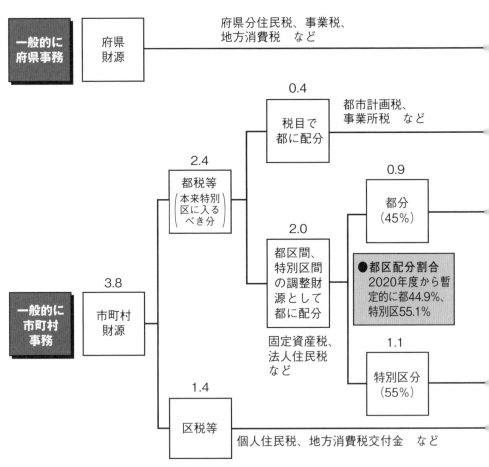

〔出所〕特別区議会議員講演会資料を加工して作成

特別区には、特別区と都、あるいは特別区相互の間に独特の財政調整制度がある。本来、市町村税として特別区に歳入されるはずの自治体税のうち、かなりの部分を都が都税として徴収している。そのうちの特定税目のさらに一部を原資に都が「大都市事務」と呼ばれる市町村事務を執行しており、その残りを原資に特別区相互間の財政調整をしている。地方交付税制度と表面的には似ているが、その本質は全く異なる。

これらの財政調整制度をはじめとして、特別区と都との事務処理について協議する場として、一般の協議会制度とは別に都区協議会が設置されている。

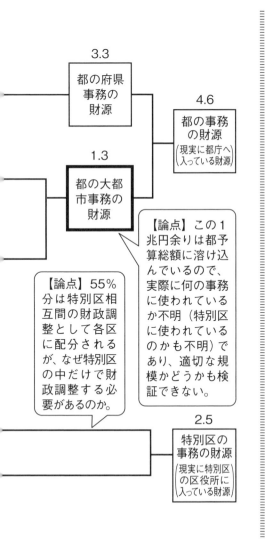

3.3
都の府県事務の財源

4.6
都の事務の財源
（現実に都庁へ入っている財源）

1.3
都の大都市事務の財源

【論点】この1兆円余りは都予算総額に溶け込んでいるので、実際に何の事務に使われているか不明（特別区に使われているのかも不明）であり、適切な規模かどうかも検証できない。

【論点】55%分は特別区相互間の財政調整として各区に配分されるが、なぜ特別区の中だけで財政調整する必要があるのか。

2.5
特別区の事務の財源
（現実に特別区の区役所に入っている財源）

●都区財政調整制度と地方交付税制度との主な違い

＊1 原資

交付税制度は国税の一定割合を原資に、自治体の財政保障と財政調整に活用している。都区財政調整制度（都区財調）の原資は、本来特別区に入る税源を都が都税として徴収しているもので、調整後も都には通常の府県制度による場合よりも1兆円以上も多い歳入がある。特別区内であがる本来の市町村民税を都が吸い上げ都の事業に費消していることになる。

＊2 財源保障

交付税制度は、毎年度の地方財政計画によって自治体の財源不足分を措置することにより、自治体の財源保障につながっている。都区財調の原資は毎年度確定しているため、特別区相互間の財政調整としては機能するが、特別区の財源保障に直接つながるわけではない。

＊3 大都市事務

交付税制度は標準的な自治体の仕事を基準に、実際の行政需要を数々の補正として加味しながら計算される。都区財調は、標準的な自治体の仕事のうち「都が行う大都市事務」（本来、市町村の仕事でありながら特別区内で都が実施しているとされる事務）を都に留保して計算される。ただし、留保額規模が適正であるかどうかは、この金額が都の予算総額に溶け込んでいるために検証できない。

地域自治区と合併特例区

[関係条文] 自治法第202条の4〜第202条の9、合併特例法第23条〜第57条

地域自治区	設置	市町村が、条例で、その区域を分けて地域自治区を設ける（法人格は有しない）
	組織	地域協議会 • 構成員は、住民の中から市町村長が選任する • 区域に係る重要事項は地域協議会の意見を聴く • 区域に係る市町村の事務について意見を述べる 事務所 • 市町村の事務を分掌する
	合併時の特例	合併に際して、合併前市町村を単位として「地域自治区」を設ける場合 • 合併前市町村の協議で設置を決定 • 特別職の区長を置くことができる（市町村長が選任） • 住所の表示に地域自治区の名称を冠する
合併特例区	設置	合併前市町村の協議で規約を定め、合併前市町村を単位とする、特別地方公共団体である合併特例区の設置を申請する（法人格を有する）
	期間	合併後、5年以下の間
	組織	合併特例区の長 • 市町村長が選任する特別職 • 副市町村長（助役）、支所・出張所長を兼ねることができる 合併特例区協議会 • 構成員は、合併特例区内に住所を有し、市町村議会議員の被選挙権を有する者のうちから、規約に定める方法により市町村長が選任する • 予算等の重要事項についての同意 • 区域に係る重要事項は合併特例区協議会の意見を聴く • 区域に係る事務について意見を述べる 事務 • 地域内の集会所、コミュニティセンターの管理、地域振興イベント、コミュニティバスの運行など
	住所	住所の表示に合併特例区の名称を冠する

ポイント　いわゆる「平成の大合併」が推進される中で、合併推進と合併慎重の双方の立場から、自治体規模の拡大に伴う住民自治の希薄化が懸念されていた。そこで、2004年の自治法改正で「地域自治区」が一般制度として設けられ、同時に、合併特例法において、「合併特例区」と、合併時における「地域自治区」の特例が定められた。総務省の調べでは、2023年4月現在、地域自治区（一般制度）13、地域自治区（合併特例）5、合併特例区0の市町村に導入されている。

〈地域自治区〉

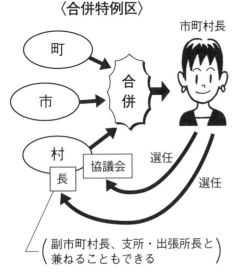

〈合併特例区〉

（副市町村長、支所・出張所長と
兼ねることもできる）

●地域自治組織

　「地域自治区」と「合併特例区」は、第27次地方制度調査会の「地域自治組織」構想をもとに制度化された。これは「平成の大合併」に対する批判を受けて、大規模化する自治体の内部にあらたに自治組織を設けて合併への抵抗感を減らすということと、旧市町村のまとまりを重視して、自治体の大規模化に歯止めをかけるという2つの意図が合体してできたものといえる。

　しかし、現実に「地域自治区」として制度化されたものは、現在、各地の市町村にある出張所や支所を単位とした住民組織と変わりなく、むしろ法律の縛りにより、実態よりも退行する可能性もある。また「合併特例区」については時限がついて、名実ともに合併時の移行措置という位置付けとなった。

　過去の市町村合併や自治体制度の歴史を振り返ると、幾多の同様の試みが行われているが、いずれも「新市の一体性」という壁の前に雲散霧消している。たとえば、いわき市や北九州市などの合併に際しては「タッチ・ゾーン」方式と呼ばれる合併前市町村単位の予算編成が行われていたが、それが地区ごとの自治につながったとはいえず、むしろ物取りに堕したという批判もある。

*一部事務組合と*広域連合

[関係条文] 自治法第284条

一部事務組合

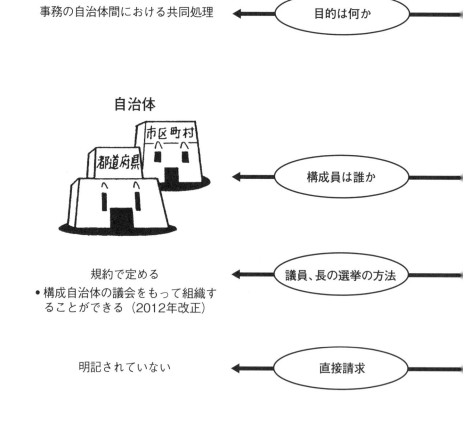

事務の自治体間における共同処理 ← 目的は何か

自治体

構成員は誰か

規約で定める
• 構成自治体の議会をもって組織することができる（2012年改正）

← 議員、長の選挙の方法

明記されていない ← 直接請求

ポイント 一部事務組合も広域連合も自治体が自らの区域を越えて、広域で具体的な事務の処理をするときに活用される制度である。これらはいずれも「地方公共団体の組合」で「特別地方公共団体」とされている。ごみ処理、消防、上下水道、火葬などの事務処理を中心に設立されてきたが、介護保険、職員研修といった分野にも広がっている。2023年4月現在、全国に117の広域連合と約1,400の一部事務組合がある。

広域連合

1 広域計画の作成
2 連絡調整
3 総合的計画的事務処理
4 国等から委任を受けた権限、
  事務の処理

住民

住民が直接選挙するか、
または組織する議会において選挙する

• 長に代えて執行機関として理事会を
  置くことができる（2012年改正）

一般と同様の直接請求に加え、
規約の変更も請求できる

●自治体間の協力

自治法には自治体間の協力制度として、連携協約（2014年改正）、協議会、機関等の共同設置、事務の委託、事務の代替執行（2014年改正）、職員の派遣が定められている（第11章第3節）。

ひとこと

自治・分権が進む一方で、広域的に処理しなければならない事務も増えている。これまでは、広域的自治体としての都道府県や一部事務組合にその役割が期待されていたが、1994年に広域連合が制度化され、その機能の一端を担うことになった。

一部事務組合の議会や長は、一般に構成自治体の議員や長が兼ねていることもあって、市民にとっては意思決定の過程や財務状況がみえにくいという欠点をもっている。そのため、広域連合では、議員や長を直接選挙する道も開かれている。

このような背景から発足した広域連合だが、結果的には必ずしも期待された機能を果たしてはいない。

4-8 ゙公営企業と「゙第三セクター」

[関係条文] 自治法第263条

●公営企業（＊1）

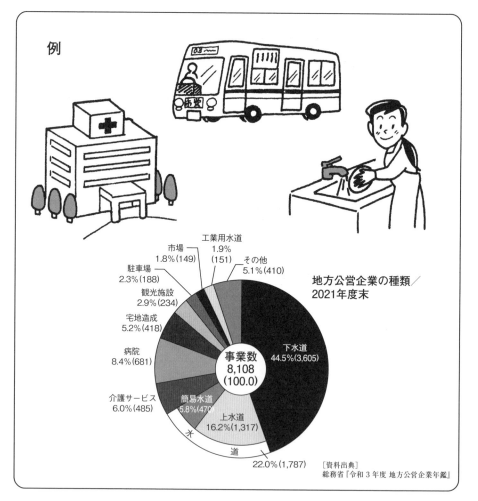

例

地方公営企業の種類／
2021年度末

工業用水道
1.9%
(151)

その他
5.1%(410)

市場
1.8%(149)

駐車場
2.3%(188)

観光施設
2.9%(234)

宅地造成
5.2%(418)

病院
8.4%(681)

介護サービス
6.0%(485)

事業数
8,108
(100.0)

下水道
44.5%(3,605)

簡易水道
5.8%(470)

上水道
16.2%(1,317)

水道

22.0%(1,787)

[資料出典]
総務省『令和3年度 地方公営企業年鑑』

公営企業は自治体が行う公企業のことで、交通、水道、病院など、利用料金などの収入を基本として独自の会計を持っているが、事実上、一般会計からの援助によって成り立っているものも少なくない。いわゆる「第三セクター」は、民間資本を導入することにより、都市開発、公共施設管理等の業務を行うことを目的に設立され、事業効率化の手法として広がったが、★開発型第三セクターを中心に債務残高が多い。

●「第三セクター」(＊2)

分類
1 自治体が出資等を行っている社団法人・財団法人（特例民法法人を含む）、会社法法人
2 地方住宅供給公社、地方道路公社、土地開発公社（地方三公社）
3 地方独立行政法人

●「第三セクター」の種類（2021年3月現在）

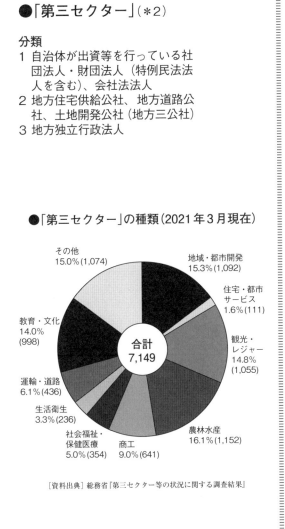

その他 15.0%(1,074)
地域・都市開発 15.3%(1,092)
住宅・都市サービス 1.6%(111)
観光・レジャー 14.8%(1,055)
教育・文化 14.0%(998)
運輸・道路 6.1%(436)
生活衛生 3.3%(236)
社会福祉・保健医療 5.0%(354)
商工 9.0%(641)
農林水産 16.1%(1,152)
合計 7,149

[資料出典] 総務省『第三セクター等の状況に関する調査結果』

＊1　公営企業
★企業会計の財務制度、職員の労働基本権等、公営企業には自治体とは異なる制度が設けられている。基本法として地方公営企業法、地方公営企業労働関係法などがある。

＊2　第三セクター
欧米では、企業セクター、政府セクターに対して「市民セクター（市民活動）」のことを第三セクターと呼ぶ。日本では、民間資本の活用や企業形式をとる公的な事業体のことを「第三セクター」と呼ぶことが多い。
実質的には自治体行政の意向に基づいた事業執行を担うことが多いので、行政組織の一部と考え、監査や議会の関与を強める必要がある。

「*第三セクター」に対する 自治体のチェック機能

[関係条文] 自治法第199条、第221条、第243条の3、第252条の37、第252条の42

知事・市町村長

「第三セクター」

1 予算執行に関する調査権など
[対象]
- 補助金、交付金、貸付金等の交付、貸付けを受けた者
- 特別法に基づく公社
- 自治体が2分の1以上出資している法人など
- 資本金等の2分の1以上の債務を自治体が負担している法人など

2 経営状況の議会への報告 (毎事業年度)
[対象]
- 特別法に基づく公社
- 自治体が2分の1以上出資している法人など
- 資本金等の2分の1以上の債務を自治体が負担している法人など

3 その他
- 出資者、株主等としての権利行使
- 理事、役員等としての意思決定参画 など

*外部監査契約に基づく監査
[要件]
- 自治体が条例で包括外部監査、個別外部監査をすることができることを定めているとき
[対象]
- 自治体が補助金、交付金、負担金、貸付金、損失補償、利子補給その他の財政的援助を与えているもの
- 自治体が4分の1以上出資している法人
- 自治体が借入金の元金、利子の支払いを保証しているもの

いわゆる「第三セクター」の活動に対して、知事、市町村長や監査委員等は、一定の条件の下でチェックすることができる。また役員等に知事、市町村長、幹部職員、議員等が就任することも多く、この面でも活動をコントロールすることができるはずであるが、現実には、一般の自治体行政以上に、市民にはみえない存在となっていることが多い。

★監査委員

財政的援助等に係るものを監査
　［要件］
• 必要があると認めるとき、知事・市町村長から要求があるとき
　［対象］
• 自治体が補助金、交付金、負担金、貸付金、損失補償、利子補給その他の財政的援助を与えているもの
• 自治体が4分の1以上出資している法人
• 自治体が借入金の元金、利子の支払いを保証しているもの

●★日韓高速船事件判決

　1998年6月、山口地裁は破綻した「第三セクター」に対して補助金を交付した市長個人に対し、8億4,500万円の支払いを命じる判決を下した（2005年11月、最高裁で棄却）。補助金の交付について手続き上のミスもなく、また実際には前任者の残した負債の破綻処理に奔走した市長であったにもかかわらず、厳しい判決となった。「第三セクター」に対する自治体の責任の重さということを示したものといえよう（☞図3－6）。

注意

　経営が悪化している「第三セクター」を整理するため、2009年度から5年間に限って「三セク債」と呼ばれる特別の地方債が起債された。自治体はこの地方債を資金として、「第三セクター」の債務を買い上げて破産処理をした。実際には借金が「第三セクター」から自治体に移し替えられるだけだが「隠れ借金」が表面化する意義は大きい。
　ただし、当然のことながら自治体の財政運営は厳しさを増す。破産処理に際し、安易に債務を引き受けることなく、金融機関等に負担を求めることも必要だ。

大きすぎる市町村

ポイント

日本では、「明治の大合併」「昭和の大合併」「平成の大合併」と国策による★市町村合併が繰り返し行われてきた。結果的に、近代的な地方自治制度が整っている先進諸国のなかでは異常なほど大規模な基礎的自治体ができあがってしまった。

・その根本的要因は、明治期の地方制度設計において、本来、国がやるべきことのほとんどを市町村にやらせて、国自体は富国強兵路線に突き進んだところにある。

・今後、国は国自身の行政組織を整備して国の仕事を行い、広域的な行政は都道府県が担って、市町村は住民一人ひとりや地域特性に即したケースマネジメントなど市町村本来の仕事ができるようにすることが望ましい。

●主要国の基礎的自治体の平均人口

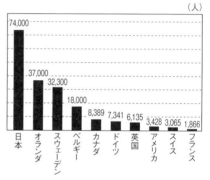

〔出所〕 日本都市センター『各国の地方政府の体系』2017 年より作成

●総務省の合併総括（2010年3月）
「各種アンケート等によれば、住民の反応としては、『合併して悪くなった』、『合併して住民サービスが良くなったとは思わない』、『良いとも悪いとも言えない』といった声が多く、『合併して良かった』という評価もあるが、相対的には合併に否定的評価がなされている」（総務省『「平成の合併」について』）

●全国町村会の意見書（2009年3月）
「国は『自主的な合併』を建前としながらも」「知事を使って、多くの町村を強制的に理念なき合併に走らせた」「今となっては福祉が切り捨てられ、中心部以外は哀れそのものであり、かつての町民や役場職員に申し訳のない悔悟（かいご）の日々を送っている」

5

議会のしくみ

自治体議会

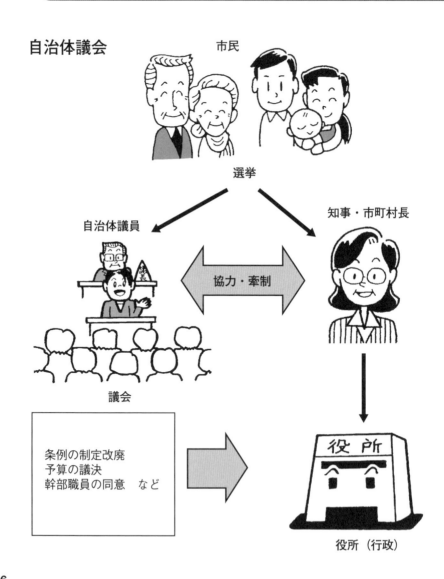

市民

選挙

自治体議員

議会

知事・市町村長

協力・牽制

条例の制定改廃
予算の議決
幹部職員の同意　など

役所（行政）

国会は「★議院内閣制（★国会内閣制）」と呼ばれ、自治体は「★二元的代表制（★首長制）」と呼ばれる。二元的代表制の中でも、アメリカの大統領制とは異なり、かなり首長に重きが置かれた制度となっている。しかし自治体議会が、多様な市民の意見を反映し、自治体としての意思形成に大きな役割を果たすべきであることはまちがいない。

国　会

市民

選挙

国会議員

国　会

指名

首相（内閣）

大臣

○○省　○○省　○○省　○○省

府省（行政機構）

●★町村総会

　法第94条で、町村は議会を置かずに、有権者による「町村総会」を設けることができるとされているが、憲法第93条に反するという考えもある。

注　意

　国では国会が首相を指名するが、自治体では議会と知事・市町村長との意思の一致は前提となっていない。つまりそれぞれが独立した機関で、協力、牽制の関係にある。したがって本来の意味での「与党」「野党」という関係はないが、実際には政党会派として知事・市町村長を支持する、しないの関係が生じている。

　また議会の総意と知事・市町村長の意思が異なり、調整がつかない場合がある。最終的には「不信任」「解散」「選挙」といった形で市民が調整するしかないが、課題によっては住民投票制度があれば解決がつくものもあるだろう。

自治体議会で決めること

[関係条文] 自治法第96条

●自治体議会で決める主な事項

★条例をつくる（改廃する）
• 自治体の団体意思を決定する重要な権限

★予算を決める（決算を認定する）（＊1）
• 予算を提案するのは知事・市町村長で、議会はできない
• 増額修正はできるが、予算提出の権限を侵すような修正は不可
• 減額修正については制限がない

契約の締結（一定基準以上）

★財産を管理する
• 財産の交換、譲渡、信託、その他一定基準以上の取得、処分
• 負担付きの寄附、贈与を受けること
• 公の施設について長期的、独占的な利用をさせること

自治体が当事者になった訴えに関すること
• 審査請求その他の不服申立て、訴えの提起、和解、斡旋、調停、仲裁
• 損害賠償の額

条例で自治体に関する事件について、議会で議決するべきものを定めることができる（＊2）

ポイント 制度的には、知事や市町村長に重きが置かれている★二元的代表制であるが、自治体議会には「条例を制定する」「予算を議決する」という自治体としての意思を決定する重要な権限がある。また幹部職員の同意など、議会の機関としての意思を自治体行政に反映させることもできる。

自治体議会

＊1 予算を決める

議会の重要な権限のひとつが予算を決めることであるが、自治法第97条には「長の予算の提出の権限を侵す」ような増額修正はできないと明記されている（減額修正については制限がない）。しかしこれを広く解釈すると、どのような事業も何らかの意味で予算に影響されることが予想され、条例を制定するといったもうひとつの重要な権限でさえも制約することになる。

発案権を侵害するほどの大幅な変更ではない限り、増額修正も認められるべきであろう。

＊2 条例による議決案件

条例によって議決案件を追加することにより、首長や自治体行政に対する議会の権限を高めることができる。多くの自治体が基本構想や基本計画を議決案件に加えている。

5-3 自治体議会のしくみ

[関係条文] 自治法第100条～第123条

知事・市町村長

招集（＊1）

自治体議会

議会審議の充実
- 公聴会を開いて意見を聴く
- 参考人から意見を聴く
- 学識者等の専門的知見を活用する　など

議会

1 ★定例会
- 条例で定める回数を招集（2004年改正により年4回という制限がなくなった）

2 ★臨時会
- 必要がある場合、その事件に限り招集

3 通年会期（2012年改正）
- 定例会や臨時会の区分を設けず、通年会期を定めることもできる。この場合には会議を開く定例日を条例で定める

委員会（＊3）
- 議案を提出することができる（2006年改正）

1 ★常任委員会
- 部門に属する自治体の事務に関する調査をする
- 議案、陳情等の審査をする

2 ★議会運営委員会

3 ★特別委員会
- 特定の付議事件の審査をする　など

ポイント　自治体には首長にも意思決定機能があるが、議会には多様な市民の意見の調整と合意形成を代行するという重要な側面がある。しかし議会によっては「幹事長会」「★全員協議会」といった「根回し」機構を中心に動いているところがあり、議論がみえにくいことも多く、改革が求められている。

議　長（＊2）

副議長（1人）

★全員協議会

従前から多くの議会に設けられ、実質的な意見調整の場になってきたが、一方で議会や委員会の審議を形骸化させるなど、問題も多い。2008年の自治法改正（第100条）で議会活動の範囲として法定化されたこともあり、今後は市民への透明性や公開性がより一層求められる。

＊1　★招集

招集は知事、市町村長しかできない。ただし、議員定数の4分の1以上の請求があった場合や、議会運営委員会の議決を経て、議長から請求があった場合（2006年改正で追加）には、首長は20日以内に（2006年改正で明確化）臨時会を招集しなければならない。この場合、長が招集しないときは議長が臨時会を招集する（2012年改正）。招集の際には、緊急を要する場合を除き、都道府県と市については7日前、町村は3日前までに告示しなければならない。

＊2　★議長、副議長の任期

議長と副議長の任期は「議員の任期」となっている。しかし、多くの自治体議会には、1年程度で議長、副議長が交替するという「慣例」がある。この背景には「名誉職としての価値」「報酬」といった要素が考えられる。また一般選挙後の最初の議会では、最年長者が臨時に議長をつとめることが決められている。

＊3　委員会

委員会は議会の予備審査的な性質をもっており、独立した意思を決めるところではないが、当然、そこでの議論は尊重されなければならない。また必置の制度ではなく、各議会で検討の上、条例で設置されることになっている。

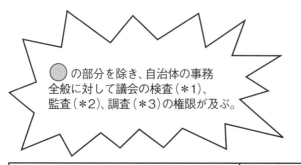

の部分を除き、自治体の事務全般に対して議会の検査（＊1）、監査（＊2）、調査（＊3）の権限が及ぶ。

●専門的知見の活用

議会は学識経験者などに、自治体の事務などについての調査報告を依頼できる（2006年改正で明文化）。

*自治事務

都市計画

*法定受託事務

労働委員会と収用委員会の権限に属する事務で政令に定めるもの

国の安全を害するおそれがあることその他の事由により適当でないものとして政令に定めるもの

かつて自治体議会は「★機関委任事務」に関することについて、その権限が制限されていたが、「機関委任事務」の廃止によって、原則として自治体の事務全般に検査、監査、調査などさまざまな権限が及ぶことになった。チェック機能としての自治体議会の責任も増すことになる。

◆議員定数

　かつて自治体議会の議員定数は自治法で定められていたが、2000年改正でそれぞれの自治体が条例で定めることとなり、上限の定数が示されることとなった。さらに2011年改正で上限数も撤廃された。

　市町村合併で議員総数が大幅に減少した上、近年では1議会あたりの議員定数も減少を続けている。特に町村議会や定数の少ない県議会議員選挙区では立候補する人が減って、無投票や欠員を生じることも少なくない（☞深掘り⑥）。

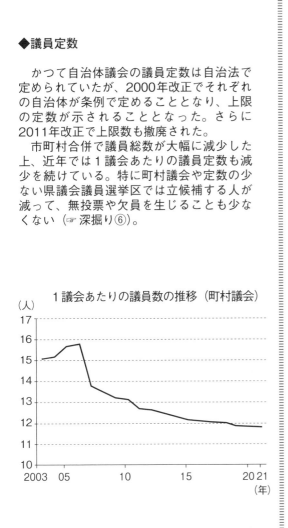

1議会あたりの議員数の推移（町村議会）

*1　★検査
• 自治体の事務に関する書類と計算書を検閲する
• 自治体の事務に関する自治体の長などの報告を請求する

*2　★監査
• 監査委員に対し、自治体の事務に関する監査を求める
• 監査委員に対し、監査の結果に関する報告を請求する

*3　★調査
• 自治体の事務に関する調査を行う
• 選挙人その他の関係人の出頭、証言、記録の提出を請求する

●議会には必ず図書室を置く
　自治法第100条第19項で、議員の調査研究のために、議会に必ず図書室を置くことが定められており、市民が利用してもよいことになっている。しかし、★議会図書室の多くはあまり開放的ではない。市民向けの市政資料室などと併設するなどの工夫をして、資料を積極的に公開する必要がある。

議員の*議案提出権と政務活動費

議案提出権

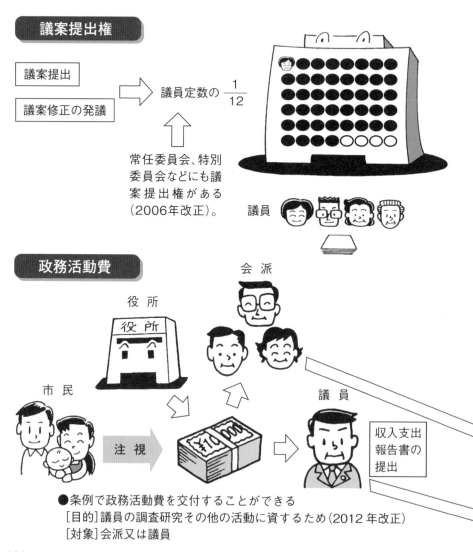

議案提出

議案修正の発議

→ 議員定数の $\frac{1}{12}$

常任委員会、特別
委員会などにも議
案提出権がある
（2006年改正）。

議員

政務活動費

会派

役所

市民

注視

議員

収入支出
報告書の
提出

●条例で政務活動費を交付することができる
[目的]議員の調査研究その他の活動に資するため（2012年改正）
[対象]会派又は議員

自治体議会の議案提出と、議案に対する★修正動議の発議は、2000年分権改革によって議員定数の8分の1以上から12分の1以上となった。さらに2006年改正で、常任委員会や特別委員会にも議案提出権が認められるようになった。自治・分権をめざすという視点から、議会の制度面での改革と運用面での改善が求められてきたが、これらの改正はそのひとつの表われである。

ひとこと

自治体議会活性化への提案
(1) 議会への市民参加
 • 議長の諮問機関を設置して、市民や専門家の意見を聴きながら政策形成をする
(2) 議会の合意形成機能を強化
 • 議員の個別活動から議会という組織としての活動へ変えるために議員同士の議論を行う
(3) 「計画」への議会の関与
 • 「チェック機関」から議会のガバナンス機能を重視し、計画決定の責任を負う体制をつくる

注 意

● 議員の兼職・兼業の禁止
1 衆議院議員、参議院議員
2 自治体議会の議員、常勤の職員、短時間勤務職員
3 当該自治体から請負を受ける人・法人の役員（その業務が法人業務の主要部分を占める場合で、たとえば無限責任社員、取締役、監査役、支配人、清算人など）
4 自治体の首長、副市町村長（助役）、副知事、選挙管理委員、裁判官、教育委員、公安委員　など

議 長

●自治体議会の★議員立法

　2021年1年間に全国の市議会に市長から提出された条例案25,394件に対し、議員からの提出は805件、委員会からの提出は382件であり、その大部分は議員報酬や議員定数など、議会自身を対象とした改正案にとどまり、地域政策に関する条例は少ない。

　議員の専業化がむずかしい市町村の場合、個々の議員の経験と知識に頼るばかりでは地域の政策課題に斬りこむのには無理がある。そこで、議会活性化のためには議会への市民参加や専門家の知見を活用することが不可欠になる。そのため、2006年改正で議会は学識経験者などに調査報告を依頼できるようになり、また2012年改正では常任委員会のみならず本会議でも公聴会の開催や参考人の招致ができるようになった。ただし現状ではあまり利用されていない。

●2022年改正

　2022年の自治法改正によって、「業として行う工事や作業など」以外の場合や政令で定める額（300万円）を超えない場合、議員の請負が許容されることとなった。

自治体議会の˚解散

[関係条文] 自治法第13条、第177条、第178条

自治体議会

解散

自主解散
- 市民の意見反映や首長との調整を図れないなど、事実上、議会が機能しなくなったと判断されるとき
- 汚職などにより、市民の信頼を失ったと判断されるとき
- 直接請求や首長の解散を待つまでもなく、自主的に解散することができる
- 根拠「地方公共団体の議会の解散に関する特例法」（＊2）

ポイント
　　議会が地域の争点について市民の総意を反映しないと思われたり、首長との
意見調整ができなかったり、あるいは汚職などで市民の信頼を失ったとき、議
会は解散され、選挙を通じて、あらためて市民の意向を問うことになる。議会の
解散には3つのパターンがある。第一に「住民からの★直接請求に基く解散（☞
図3-7）」、第二に「知事、市町村長による解散」、第三に「★自主解散」である。

住民からの直接請求

- 地域の争点について住民の総意を反映していないとき
- 汚職などで市民の信頼を失っているにもかかわらず、自主解散などの自浄作用が機能しないとき
- 有権者の3分の1以上の連署（有権者が40万人以上の場合は特例あり。☞図3-7）と、それに基づく住民投票で過半数の合意が必要

知事、市町村長による解散（＊1）

- 議会が首長の不信任を議決したとき、その通知を受けた日から10日以内
- 予算審議において「非常災害による応急、復旧の施設のために必要な経費」「感染症予防のために必要な経費」を議会が削除、減額をし、首長が再議に付してもなお議決したときも、不信任の議決とみなす
- 国会とは異なり、任意に首長が解散することはできない

＊1　知事、市町村長による解散

　制度の基本では、首長と議会は相互に独立して意思を決定できることになっているが、現実に両者が異なる意思や政策をもつようになると、自治体行政の方向性が定まらなくなってくる。

　特に「少数与党」と呼ばれている首長の場合、対立が調整できないままに「不信任」→「解散」→「議員選挙」→「不信任」→「首長選挙」という連鎖を呼び起こすことがある。最終的に住民が選挙で調整することになるとはいうものの、政治的な思惑に左右されるおそれもないではない。

　こういう場合に備える意味でも住民投票制度の必要性がある。

＊2　地方公共団体の議会の解散に関する特例法

　1965年、東京都議会議員の汚職により、都議会の機能が麻痺したことを機会に制定された。

自治体議会改革

[参考文献]『議会改革白書』生活社、2009年〜2016年

●議会の政策形成サイクルと市民参加 ［会津若松市議会の例］

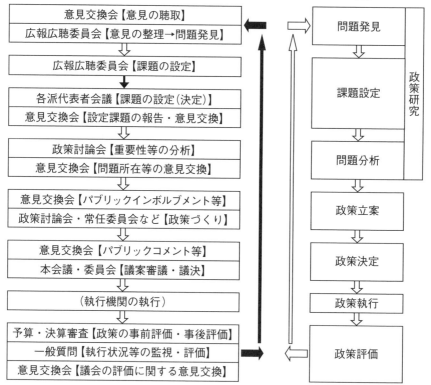

〔出所〕会津若松市議会編『議会からの政策形成』ぎょうせい、2010年

■**基本ツールⅠ「広報広聴委員会」**
- 広報活動の他「市民との意見交換会」の企画立案を担当

■**基本ツールⅡ「市民との意見交換会」**
- 「地区別意見交換会（15会場で各年2回）」「分野別意見交換会」

■**基本ツールⅢ「政策討論会」**
- 議会内での調査研究と議員間討議（「全体会」「議会制度検討委員会」「4分科会」）

ポイント　自治体議会改革の機運が高まっている。底流にあるのは分権改革によって議会の意思決定がますます重要になってきたことだが、直接の契機となったのは夕張市の財政破綻だった。こうなるまで議会は何をやっていたのか、自分たちの議会は大丈夫かという声があちらこちらで聞かれるようになった。2006年5月、北海道の栗山町議会が議会基本条例を制定し、議会改革のリードオフマンとなっている。

議会基本条例

　北海道栗山町議会を嚆矢として全国で議会基本条例が制定されている（2022年12月現在965条例［自治体議会改革フォーラム調べ］）。

　自治体議会改革フォーラムでは次のような「改革目標10」を提案している。

①議員同士が責任を持って自由に討議する議会

②市民も参加できる開かれた議会

③積極的に情報を公開し透明性のある議会

④一問一答で分かりやすい議論をする議会

⑤市民に分かりやすい議会

⑥行政となれ合わない議会

⑦市民と政策をつくる議会

⑧行政から独立した事務局をもつ議会

⑨実効性あるチェック機能をもつ議会

⑩自ら運営できる議会

●議会の5課題

①政治争点の集約・公開

②政治情報の整理・公開

③政治家の選別・訓練

④長・行政機構の監視（政治批判・政治調査）

⑤政策の提起・決定・評価（立法ならびに予算・決算）

（松下圭一『政策型思考と政治』東京大学出版会、1991年）

注意

　議会改革が進む一方で、議会を無視したり、議会を自らの統制下におこうとする首長の動きが目立っている。阿久根市の竹原元市長は議会を招集しないまま専決処分を繰り返した。名古屋市の河村市長は議会の解散請求（リコール）の先頭に立った。大阪府の橋下元知事は議員を知事配下の職員とする「議会内閣制」を提起した。いずれも、首長と議会という機関対立型の緊張関係の中で自治体民主主義を機能させようとしてきたこれまでの日本の地方自治制度の否定を意味している。

深掘り⑥ 投票率の低下と議員のなり手不足

ポイント 自治体選挙の投票率が下がり続けている。また、小規模自治体の議会議員選挙や県議会議員選挙の選挙区選挙など、議員定数が少ない選挙ほど無投票当選や欠員が目立つ。自治体政治への関心が薄れているのだろうか。

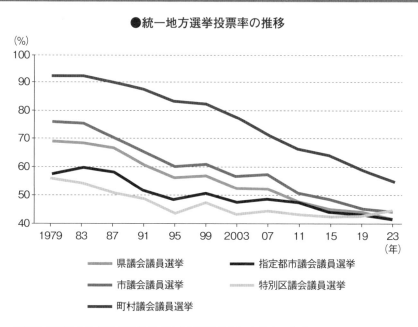

●統一地方選挙投票率の推移

〔出所〕総務省自治行政局選挙部『地方選挙結果調』などより作成

・議員定数が多く、人口密度の高い都市部の議会議員選挙では、いまだに多数の立候補者がいるので、必ずしも全国どこでも「議員のなり手不足」とは言えない。

・かつて、小規模な自治体ほど投票率が高かったことを思えば、合併による広域化や議員定数の削減が投票率の低下や「議員のなり手不足」を導いているのかもしれない。

110

6

自治体の行政

6-1 知事や市町村長の仕事

[関係条文] 自治法第139条〜第149条

住　民 　　　　　　　　　　　知事・市町村長

 直接選挙 →

★兼職、兼業の禁止

1　衆議院議員、参議院議員
2　自治体議会の議員、常勤の職員、
　　短時間勤務職員
3　教育長・教育委員会委員、人事
　　・公平委員会委員、監査委員、
　　選挙管理委員
4　自治体から請負を受ける人、請
　　負を受ける法人の役員（その業
　　務が法人業務の主要部分を占め
　　る場合で、たとえば、無限責任
　　社員、取締役、監査役、支配人、
　　清算人など）（＊1）

自治体を統轄し、
代表する

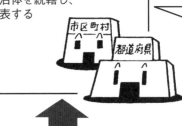

★失職

• 被選挙権を有しなくなったとき
• 兼業禁止に反するとき
• 死亡、任期満了、当選無効の確定
• 議会の不信任議決（解散しない場
　合、または解散して再度不信任議
　決があった場合）
• 解職の直接請求に基づく住民投票
　（☞図3−7）

知事や市町村長は住民の直接選挙によって選ばれ、自治体を統轄し、代表するという強い権限を持っている。自治体議会の議員も住民の直接選挙によって選ばれるが、知事や市町村長は業務を具体的に執行するために、議員とはちがった意味で、自治体の意思を決める立場にある。しかし、その権限は市民の信託という限定に基づいたものである。

```
知　事　　30歳以上
市町村長　25歳以上
任　期　　どちらも4年
```

主な仕事

1 自治体議会の議決を経なければならない事件について、議案を提出する
2 ★予算を調製、執行する
3 地方税を賦課徴収する
4 決算を議会の認定に付する
5 会計を監督する
6 ★財産を取得、管理、処分する
7 規則を制定する
8 職員を指揮監督する
9 行政組織をつくる

＊1　自治体からの請負の禁止

　知事・市町村長の職務の公正さを確保するために、議員と同様に、いくつかの兼職、兼業が禁止されている。特に、自治体と「請負」の関係にあること、すなわち、何らかの取引や契約があって、物や労力のやりとりをするようなことは、厳しく禁じられている。会社を形式的に家族の名義にするといった脱法行為も監視されるべきであろう。

　兼業禁止に反する行為があった場合、知事・市町村長は失職する。

　しかし、議員と異なるのは例外があるところであり、それは2分の1以上の資本を出している、いわゆる「★第三セクター」について除外されていることである。これらの法人は、事実上、自治体の意思が強く反映され、自治体と密接に関係する業務を行っているとされるためで、現実的な必要に迫られて、1991年に改正されたものである。

6-2 知事・市町村長と議会との関係

[関係条文] 自治法第176条〜第180条

知事・市町村長

議会の★招集
予算の提出
議案の提出　など

再議（＊1）
専決処分（＊2）

＊2　★専決処分
　議会が成立しないとき、議会を招集する暇がないとき、議決すべき議案を議決しないとき等、首長は議決するべき事件を処分することができる。次の議会に報告し、承認を求める。

★解　散

最終調整

知事・市町村長と議会とは、ともに住民の直接選挙によって選ばれており、それぞれ独立した意思をもっている。両者は協力と牽制の関係になっているが、両者の意見が異なるときには調整される必要がある。最終的な調整は、選挙を通じて、住民が行う。

議　会

議会の招集請求
条例の制定
予算の議決　など

議会への出席、説明を求める
行政事務の★検査、★監査、★調査をする
幹部職員選任の同意をする

不信任
（解散、選挙を経た再不信任）（＊3）

＊3　★不信任

　3分の2以上の出席で、4分の3以上の同意があれば不信任。また長が解散で対抗した場合には、選挙後初の議会において、3分の2以上の出席で、過半数の同意があれば不信任が成立する。

＊1　★再議

　知事、市町村長が議会の議決や選挙に異議がある場合、再度の審議と議決を議会に求める制度で、2012年改正により次のように整理された。

- 議会の議決に異議があるときは議決の日等から10日以内に理由を示して再議に付すことができる。この場合、再議に付された議決と同じ議決があればその議決は確定する。ただし、条例、予算についての議決は出席議員の3分の2以上の同意が必要。

- 違法な議決や選挙と認めるときは、再議や再選挙を行わせなければならない。この場合、なお同内容の議決や選挙があれば、議決または選挙のあった日から21日以内に総務大臣や知事に審査を申し立てることができる。

- 義務費の削除、減額の議決があったときは再議に付さなければならない。この場合、なお同内容の議決があっても、首長は原案どおりに執行できる。

- 非常の災害による応急経費、感染症予防の経費が削除、削減されたときは再議に付さなければならない。この場合、なお同内容の議決があれば不信任とみなすことができる。

6-3 自治体の＊執行機関とは

[関係条文] 自治法第138条の3、第138条の4、第154条、第155条、第158条、第180条の5

自治体の執行機関

知事・市町村長

指揮監督

委員会、委員（＊1）

全ての自治体
1 ★教育委員会
2 選挙管理委員会
3 人事委員会（公平委員会）
4 ★監査委員

市町村
1 農業委員会
2 固定資産評価審査委員会

都道府県
1 公安委員会
2 労働委員会
3 収用委員会
4 海区漁業調整委員会
5 内水面漁場管理委員会

いわゆる「役所」は知事、市町村長とその★補助機関、また各委員会と委員で構成されている。各委員会と委員は独立した意思をもって業務を行っているが、知事・市町村長は全ての執行機関の総括的な代表者でもある。現実には、予算の調製や事務従事職員制度などを通じて、首長の意向が強く反映されることが多い。

補助機関
- 副知事・副市町村長（定数は条例で定める。また条例で置かないことができる）
- 会計管理者（2006年改正で、出納長、収入役が廃止され、その代わりに一般職から任命されることになった。2007年4月施行）
- 職員（2006年改正で事務吏員、技術吏員その他の職員という区分が廃止され、職員に一本化された）

組織の例
1 都道府県
- 支庁、地方事務所（＊2）
- 局（東京都）（＊3）
- 部（道府県）（＊3）
- 分課
- 保健所、警察署その他の行政機関

2 市町村
- 支所、出張所（＊2）
- 部、課
- 保健所その他の行政機関

注意
2006年改正で、助役が副市町村長と改められ、副知事とともに「政策及び企画」という職務規定が加わった。

＊1　委員会、委員
　執行機関としての委員会と委員は、一般に行政委員会と呼ばれ、必ず法律をもって設置されなければならない。委員会は規則その他の規程を定めることができる（監査委員はできない）。委員会委員と委員は非常勤だが、法律に特別の定めがある人事委員会委員と監査委員には常勤制度がある。

＊2　支庁、地方事務所、支所、出張所
　これらの位置、名称、所管区域は、条例で定める必要がある。

＊3　都道府県の局、部
　2003年改正までは、都は11局、道と人口400万人以上の府県は9部など、自治法で細かく局や部の標準数が決められていた。1991年改正までは、さらにその名称まで例示されていた。これは地方官官制を引継いだ規定で、都道府県が国の地方機関であったなごりともいえる。現在は、全ての自治体が条例で自主的に内部組織を設けられる。この条例を制定改廃したときには、都道府県は総務大臣に、市町村は知事に届け出なければならないという国の関与も2011年改正で廃止された。

［関係条文］自治法第180条の6、第180条の7

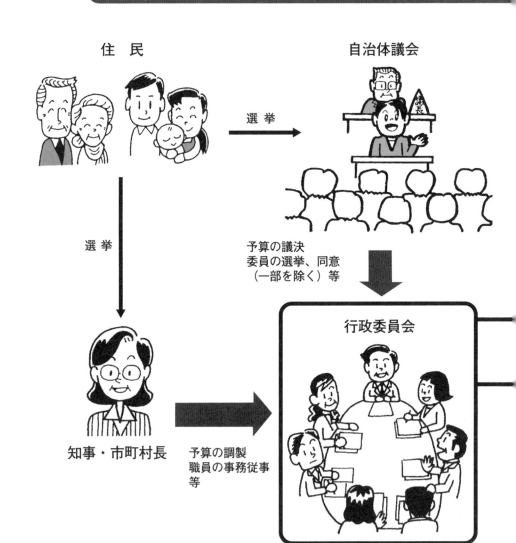

住　民

自治体議会

選挙

選挙

予算の議決
委員の選挙、同意
（一部を除く）等

知事・市町村長

予算の調製
職員の事務従事
等

行政委員会

自治体には知事・市町村長とその補助機関とともに、もうひとつ執行機関がある。それらは行政委員会と呼ばれる（☞図6−3）。行政委員会は特定の所掌事務について、知事や市町村長から独立した行政の執行にあたることをねらいとして設けられている。

＊1　行政委員会の意義

　知事、市町村長と行政委員会はそれぞれ独立しているが、完全に対等というわけではない。現実の上でも、予算の調製などを通じて、長は行政委員会の事務を統轄している。

　確かに、学校教育のように技術的な専門性が必要な場合や、監査委員のような職務については、今後も行政委員会の役割は重要で、独立性も高めていくことが必要であるが、社会教育のような市民文化にかかわる問題は、むしろ知事、市町村長の職務に移行させるべきだという意見も少なくない（松下圭一『社会教育の終焉』公人の友社、2003年参照）。

＊2　委員の選出

　憲法には行政委員会の委員を住民が直接選挙することも想定されており、現実に★教育委員を直接選挙していた時期もあった。その制度が廃止された後にも、一時、教育委員準公選を条例で定め、住民の投票に基づいて教育委員を選ぶ自治体（東京都中野区）もあったが、現在、そのような自治体はない。

行政委員会の意義　（＊1）

1 政治的中立性
2 専門技術性
3 多様な住民意思の反映

行政委員会の特色

1 ★合議制
　●ただし監査委員は★独任制
2 民主的な委員選出（＊2）
　●委員選任は議会を通じた間接選挙、
　　同意などによる
3 準立法機能
　●規則の制定ができる（一部を除く）

6-5 ＊教育委員会

[関係法律] 地方教育行政の組織及び運営に関する法律

教育委員の任期4年／再任可
教育長の任期3年／再任可
（補欠は前任者の残任期間）

原則　教育委員4人＋教育長
都道府県・市＝教育委員
　　　　　5人以上＋教育長、も可
町村＝教育委員2人以上＋教育長、も可

教育委員会

知事・市町村長

任命 →

↑ 同意

教育長（＊1）

議会

教育委員会
事務局

教育委員会は他の行政委員会と同様に、知事・市町村長や議会の政治的関与から一定の距離を置くことを目的として、独立の委員会として設置された。しかし、そのことがかえって、文部科学省－都道府県教育委員会－市町村教育委員会という国から自治体への中央集権的な府省縦割の太いラインを作り出してしまったきらいがある。いずれにしても、市民から見えないところで閉鎖的な議論をしている限り、政治的関与や集権的関与に引きずられてしまう可能性がある。

教育委員会の職務権限

- 公立の学校、図書館、博物館、公民館などの設置、管理、廃止
- 教育委員会、公立学校などの職員の任免、人事
- 児童生徒の就学、入学、転学、退学
- 教育課程、教科書の取扱いに関すること
- スポーツ、文化財保護、社会教育に関すること　等

総合教育会議

- 構成員は首長と教育委員会
- 首長が招集、会議は原則公開
- 教育行政の大綱の策定、教育の条件整備等について協議・調整する

首長の職務権限

- 大学に関すること
- 幼保連携型認定こども園に関すること
- 私立学校に関すること
- 教育財産の取得、処分
- 教育委員会の所掌事項に関する契約等

＊1　★教育長の任命承認制度

　かつては教育長を任命しようとするとき、都道府県にあっては文部大臣の、市町村にあっては都道府県教育委員会の、それぞれの承認を得ることになっていたが、2000年分権改革で廃止された。

　従来は教育委員会には教育委員長（非常勤）と教育長（常勤）というふたつの職が設けられていたが、2015年4月施行の地教行法改正で、常勤の教育長に一本化された。また従来の教育長は教育委員会で互選されていたが、この改正で首長が議会の同意を得て任命することになった。その他全ての自治体に総合教育会議が設置され、首長と教育委員会との間での協議や調整が行われることになった。

　首長の教育行政に果たす責任や役割を明確化するという意図ではあるが、同時に教育委員会制度の根幹である政治的独立性、専門技術性、多様な住民意思の反映に影響が出るのではないかという危惧もある。

注意

　2000年分権改革まで、都道府県の教育長は教育委員ではなかったので、議会の関与が働かなかったが、現在は全ての教育長が教育委員から選ばれるようになった。

*監査のしくみ

[関係条文] 自治法第195条〜第199条の3

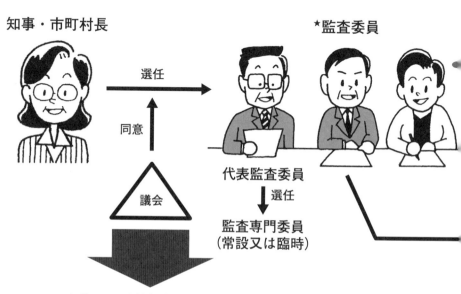

知事・市町村長

*監査委員

選任

同意

議会

代表監査委員

選任

監査専門委員
（常設又は臨時）

契約による*外部監査制度（＊2）

外部監査人

1 *包括外部監査
　•監査委員の随時監査のうち、特定事件の監査
2 *個別外部監査
　•住民、議会、長からの請求、要求による監査

ポイント　市民が自治体行政のあり方をみるときに、監査委員は重要な制度であるが、これまでは必ずしも適切な役割を果たしてこなかった。たとえば対象が財務の技術面に偏っていたり、監査結果が市民に周知されないなど市民に問題提起をすることはほとんどなかった。1999年には外部監査制度が導入され、2017年には、監査基準の策定、勧告制度の導入などの改正が行われるなど、逐次、改革が行われているが、今後も市民の側に立った監査が期待されている。

監査委員の定数（＊1）
- 都道府県、人口25万人以上の市　4人
- その他の市町村　　　　　　　　2人
ただし条例で定数を増加することができる（2006年改正）

監査の種類

1　一般監査
- 監査委員の職権に基づいて行う
- 定例監査（毎年1回以上期日を定めて行う）と随時監査がある
- 予算執行、出納事務、財産管理等財務に関する事務を対象
- 行政監査（事務事業自体の効率を監査する）もできる

2　特別監査
- 住民の★直接請求による監査（☞図3−5）
- 議会、知事、市町村長からの請求、要求による監査
- 自治体が補助金等の財政的援助をしている団体の監査
- 自治体が4分の1以上を出資している団体の監査

3　その他の監査、検査等
- 決算の審査
- 現金出納の検査
- ★住民監査請求による監査
- 職員の賠償責任の監査　等

＊1　監査委員の内訳

○識見を有する者
- 人格が高潔
- 財務管理、経営管理、その他行政運営に関し優れた識見を有する者
- 常勤とすることもできる
- ただし、都道府県と人口25万人以上の市は少なくとも1人以上、常勤とする
- 1人は★代表監査委員（監査委員に関する庶務を処理する）になる
- 当該の自治体職員であった者は1人以内とする
- 任期4年

○議員
- 都道府県と人口25万人以上の市では2人か1人(2006年改正)
- その他の市町村では1人（2006年改正）
- ただし条例で選任しないこともできる（2017年改正）
- 任期は議員の任期による

＊2　外部監査制度

　都道府県、指定都市及び中核市では必ず、またその他の自治体でも条例で定めれば、外部監査制度が導入される。1997年の改正により、1999年4月から施行された。

人事委員会と公平委員会

[関係条文] 自治法第180条の5、地方公務員法第7条〜第12条

設　置　　　　権　限

人事委員会

都道府県
指定都市

（人事委員会）
①人事行政に関する記録と統計
②勤務条件などの研究とその成果の提出
　（給料表の勧告など）
③条例に関する意見の申出
④人事行政の運営に関する勧告
⑤競争試験と選考の実施（新規採用試験、
　昇任試験など）
⑥給与の支払の監理
⑦研修と人事評価に関する勧告
⑧下記「公平委員会」の権限に含まれて
　いること　など

人口15万人以上の
市と特別区は
いずれか必置

権　限

公平委員会

人口15万人
未満の
市町村

（公平委員会）
①勤務条件に関する措置要求の審査
②不利益処分の審査請求の審査
③職員団体の登録　など

人事委員会と公平委員会は、首長など、自治体職員の任命権者に対し、その人事権の行使をチェックするための第三者機関（行政委員会）として、どの自治体にも設置されている。これは自治体行政の多くの部分が自治体職員によって担われていることから、人事政策の民主性、効率性が求められるためである。また、首長などの任命権者と自治体職員とが、単純な労使関係にはないことから、準司法的（準立法的）権限が必要になるためでもある。

委員（共通）

1　委員は3人
2　議会の同意を得て、知事・市町村長が選任
3　委員のうち、2人が同一政党に属してはいけない
4　自治体議員、当該自治体職員とは兼職禁止
5　任期は4年（補欠委員は前任者の残任期間）
6　人事委員会の委員は常勤か非常勤、公平委員会の委員は非常勤

● 設置の特例

　公平委員会を置く自治体は、議会の議決を経て定める規約により、他の自治体と共同で公平委員会を置くことができる。また、他の自治体の人事委員会に委託して公平委員会の事務を処理させることができる。地方公務員法では人事委員会を単独で置くことが想定されている。

　ただし、現在、東京23区の特別区は共同で人事委員会を設置しており、それは地方公務員法に基づく制度ではなく、自治法の一部事務組合方式に基づいていると説明されているが、市民による人事政策のコントロールという視点から、人事委員会そのものを一部事務組合方式で設置できるかどうか疑義がある。

注意

　2004年の地方公務員法改正で人事委員会と公平委員会の機能充実が図られている。
①職員からの人事管理に関する苦情の処理
②委員の兼職禁止の緩和（審議会委員等との兼職可能）
③委員会定足数を全員出席から2人へ
④公平委員会による職員の競争試験や選考の実施

自治体職員制度

[関係法律] 地方公務員法

●任用制度の例（東京23区）

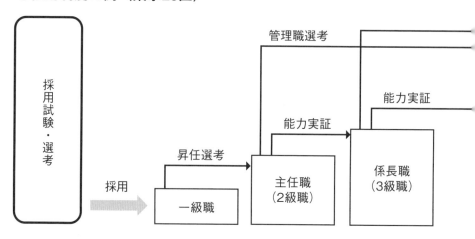

◆定年延長

2023年度から、定年を2年に1歳ずつ65歳まで引き上げる（一般職員）

退職年齢	退職日	
61歳	2025年3月31日	
62歳	2027年3月31日	
63歳	2029年3月31日	
64歳	2031年3月31日	
65歳	2033年3月31日	

◆定年前再任用短時間勤務制

60歳以後に退職した職員を定年退職日に当たる日まで短時間勤務の職で再任用できる。

自治体職員制度は、自治法第172条第4項に基づいた地方公務員法を中心に、一般の職業人や国家公務員とも異なる理念やしくみが掲げられている。自治体職員には「市民」「職業人」「勤労者」としての三面性があるが、いずれにしても高い対市民規律が求められている。自治体職員の制度的な雇用者が知事・市町村長であることは当然としても、政治的な雇用者は主権者である市民であり、自治体職員も、まずは「市民であること」を基盤として「勤労者」「職業人」としての課題や責任を負う。

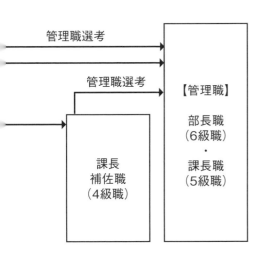

該　当　者
1963年4月2日〜1964年4月1日生まれ
1964年4月2日〜1965年4月1日生まれ
1965年4月2日〜1966年4月1日生まれ
1966年4月2日〜1967年4月1日生まれ
1967年4月2日〜1968年4月1日生まれ

ひとこと

　自治体にはいわゆる正規職員の他に、多種多様な臨時・非常勤職員や任期付職員が働いている。

●分限と懲戒

1　分限

①免職と降任
- 勤務実績が良くない
- 心身の故障
- 適格性を欠く
- 組織、定数の改廃、予算の減少により職が廃止になったり過員になった場合

②休職
- 心身の故障
- 刑事事件に起訴される
- その他人事委員会規則で定める事由

③降給

2　懲戒

①免職 ┐ 地方公務員法などに違反した場合
②停職 │
③減給 ┤ 職務上の義務に違反したり、職務を怠った場合
④戒告 ┘ 全体の奉仕者にふさわしくない非行のあった場合

●服務

1　職務上の義務

①服務の宣誓
②法令、上司の命令に従う義務
③職務に専念する義務

2　身分上の義務

①信用失墜行為の禁止
②秘密を守る義務
③政治的行為の制限
④争議行為等の禁止
⑤営利企業への従事等制限

内部統制制度とは

ポイント 自治法の2017年改正で、都道府県知事と指定都市の市長に対して内部統制制度を整備することが定められた（その他の市町村長には努力義務）。会社法や金融商品取引法などで定められている民間企業の内部統制制度を自治体の財務に適用しようとしたものだ（2020年から施行）。

●内部統制制度の流れ

・内部統制に関する方針の策定と公表
・内部統制体制の整備

・内部統制体制の運用

・内部統制体制の評価　・監査委員の審査
・報告書の議会への提出

・内部統制制度が新設されたが、自治体の財務処理については、既に議会や住民による監視や監査委員による監査などのしくみがあり、執行段階においても会計管理者による内部検査などがあるので、屋上屋を重ねないように整理する必要があるのではないか。

・むしろ、財務処理の前段にある自治体の政策形成過程をオープンにし、市民参加を進めるほうが自治体のガバナンスを高めるかもしれない。

7

自治体の
財政・財務

自治体財政のしくみと国の財政との関係

[関係資料] 地方財政計画など

●国から自治体への財政移転の概念図（2023年度当初）単位／兆円

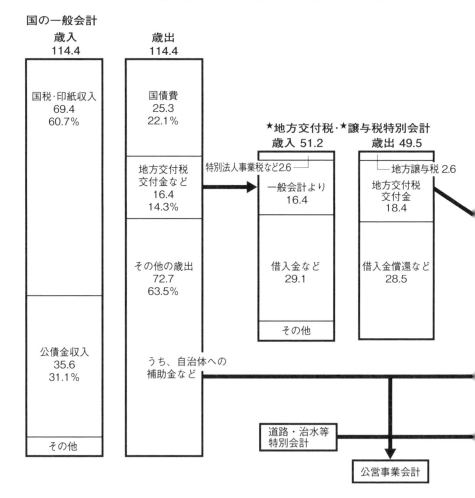

国の一般会計

歳入 114.4	歳出 114.4
国税・印紙収入 69.4 60.7%	国債費 25.3 22.1%
	地方交付税交付金など 16.4 14.3%
	その他の歳出 72.7 63.5%
公債金収入 35.6 31.1%	うち、自治体への補助金など
その他	

特別法人事業税など2.6

★地方交付税・★譲与税特別会計

歳入 51.2	歳出 49.5
一般会計より 16.4	地方譲与税 2.6 地方交付税交付金 18.4
借入金など 29.1	借入金償還など 28.5
その他	

道路・治水等特別会計

公営事業会計

市民は国に多くの税金を納めているが、実際には自治体のほうが市民に多くのサービスを提供している。2023年度予算の数字をみると、国税対地方税の割合が、63対37であるのに対して、実際に配分されたのは44対56（2021年度決算）である。このように国から自治体へお金が移動する過程で、さまざまな問題が生じている。仕事の割合に応じて税財源の配分を変えていく必要がある。

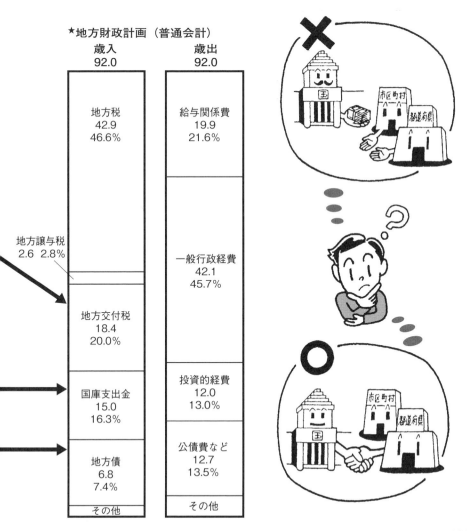

★地方財政計画（普通会計）

歳入 92.0	歳出 92.0
地方税 42.9 46.6%	給与関係費 19.9 21.6%
地方譲与税 2.6 2.8%	
	一般行政経費 42.1 45.7%
地方交付税 18.4 20.0%	
国庫支出金 15.0 16.3%	投資的経費 12.0 13.0%
地方債 6.8 7.4%	公債費など 12.7 13.5%
その他	その他

自治体財政の支弁

[関係条文] 自治法第232条、地方財政法第9条〜第13条

●経費の支弁区分

- 自治体の事務を処理するために必要な経費
- その他法律またはこれに基づく政令により自治体の負担に属する経費

- 法律またはこれに基づく政令により、自治体に対し「事務の処理を義務付ける」場合

●地方財政法の規定では

自治体が全部負担

自治体の事務
（ただし、下の事務を除く）

国が全部または一部負担（＊1）

- 国と自治体の相互の利害に関係がある事務

- 土木その他の建設事業

国が経費の財源措置（＊2）

新たな事務を行う義務を負う場合

自治体が負担する義務を負わない（＊3）

専ら国の利害に関係のある事務

自治法では、「法律又はこれに基づく政令」によって、自治体に対し「事務の処理を義務付ける場合」には、国が経費の財源措置をしなければならない。これを受けて、地方財政法では経費負担の基準を定めている。

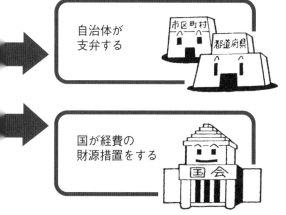

自治体が
支弁する

国が経費の
財源措置をする

＊1　国が全部または一部負担

①
- 自治体が法令に基づいて実施する事務で、
- 国と自治体の相互の利害に関係がある事務のうち、
- 円滑な運営を期するために国が進んで経費を負担する必要がある事務

②
- 自治体が国民経済に適合するように総合的に樹立された計画に従って実施する事務で、
- 法律または政令で定める土木その他の建設事業

＊2　国が経費の財源措置
- 自治体が法律または政令に基づいて新たな事務を行う義務を負う場合

＊3　自治体が負担する義務を負わない
- 専ら国の利害に関係のある事務を行うために要する経費
（「国政選挙」等、8項目の例示がある）

注意

この他に、国が経費の一部負担をする事務として災害時の事務がある。

133

7-3 自治体財政の指標

[関係条文] 自治法第243条の3

●市町村財政比較分析表の例（T市）

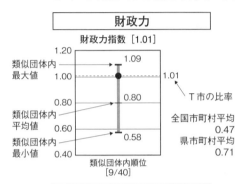

財政力

財政力指数 [1.01]

類似団体内最大値 → 1.09
類似団体内平均値 → 0.80
類似団体内最小値 → 0.58

T市の比率 1.01

全国市町村平均 0.47
県市町村平均 0.71

類似団体内順位 [9/40]

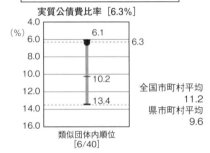

公債費負担の状況

実質公債費比率 [6.3%]

6.1 ― 6.3
10.2
13.4

全国市町村平均 11.2
県市町村平均 9.6

類似団体内順位 [6/40]

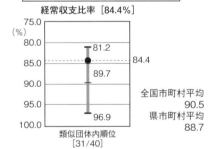

財政構造の弾力性

経常収支比率 [84.4%]

81.2 ― 84.4
89.7
96.9

全国市町村平均 90.5
県市町村平均 88.7

類似団体内順位 [31/40]

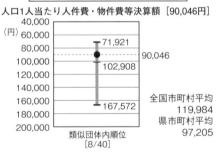

人件費・物件費等の状況

人口1人当たり人件費・物件費等決算額 [90,046円]

71,921 ― 90,046
102,908
167,572

全国市町村平均 119,984
県市町村平均 97,205

類似団体内順位 [8/40]

◆財政状況資料集

全ての自治体ごとに、5年分の「財政比較分析表」の他、「総括表（決算カード）」「普通会計の状況」「各会計、関係団体の財政状況及び健全化判断比率」「財政比較分析表」「経常経費分析表」「実質収支比率等に係る経年分析」「連結実質赤字比率に係る赤字・黒字の構成分析」「実質公債費比率（分子）の構造」「将来負担比率（分子）の構造」「基金残高に係る経年分析」などが総務省ウェブサイトやそこにリンクする各都道府県ホームページで公開されている。

自治体は毎年の決算統計の報告を総務大臣から求められる。そのときの資料がいわゆる「★決算カード」と呼ばれるものであり、この資料を自治体規模の同じような他の自治体（「★類似団体」）と比較しながらみると、その自治体の財政状況のあらましを理解することができる。総務省ホームページ「財政状況資料集」で自治体ごとの財政分析をみることができる。

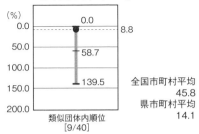

将来負担の状況

将来負担比率 [8.8%]

全国市町村平均 45.8
県市町村平均 14.1

類似団体内順位 [9/40]

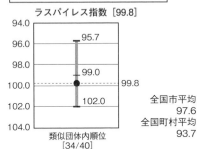

給与水準（国との比較）

ラスパイレス指数 [99.8]

全国市平均 97.6
全国町村平均 93.7

類似団体内順位 [34/40]

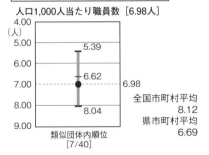

定員管理の状況

人口1,000人当たり職員数 [6.98人]

全国市町村平均 8.12
県市町村平均 6.69

類似団体内順位 [7/40]

● **類似団体**

類似団体とは、人口と産業構造から自治体を分類したもので、類似都市別の財政指数については「類似団体別市町村財政指数表」が総務省ホームページに掲載されている。

● **財政力指数**

基準財政収入額を基準財政需要額で除した数値の過去3年間の平均値。この指数が高いほど財源に余裕がある。

● **経常収支比率**

経常的に入ってくる収入に対し、経常的にかかる行政費がどのくらいを占めているかを表わしたもの。

この指数が100%に近づくほど、収入の使途がすでに決まっている状態となり、政策的に支出する経費が限定されてしまう。

● **実質公債費比率**（☞図7-4）

● **将来負担比率**

自治体が地方債や将来支払う可能性のある負担などを指標化したもので、将来の財政を圧迫する可能性の度合いを示すもの。

● **ラスパイレス指数**

国家公務員給与を基準として、その自治体の職員の給与水準を示したもので、100より小さいと国家公務員よりも給与が低いということになる。

財政健全化法

[関係法律] 自治体財政健全化法

●健全化判断比率の対象

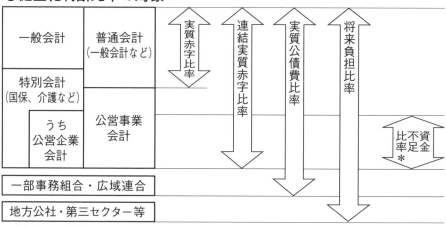

＊「資金不足比率」は公営企業会計ごとに算定する

●早期健全化基準等

健全化判断比率	早期健全化基準	財政再生基準
実質赤字比率	道府県＝3.75％（都は別途） 市区町村＝財政規模に応じ 11.25％～15％	道府県＝5％ （都は別途） 市区町村＝20％
連結実質赤字比率	道府県＝8.75％（都は別途） 市区町村＝財政規模に応じ 16.25％～20％	道府県＝15％ （都は別途） 市区町村＝30％
実質公債費比率	都道府県＝25％ 市区町村＝25％	都道府県＝35％ 市区町村＝35％
将来負担比率	都道府県・指定都市＝400％ 市区町村＝350％	——————
資金不足比率	（経営健全化基準）20％	

2007年6月に自治体財政健全化法が成立した。4つの財政指標が健全化判断比率として規定され、いずれかひとつでも、総務省が定めた基準を上回ると、議会の議決を経て、「財政健全化計画」や「財政再生計画」を策定しなければならないと規定された。それまでの財政再建団体制度は廃止された。

●財政指標の計算

$$\text{実質赤字比率} = \frac{\text{普通会計の実質赤字額}}{\text{標準財政規模}}$$

$$\text{連結実質赤字比率} = \frac{\text{連結実質赤字額}}{\text{標準財政規模}}$$

$$\substack{\text{実質公債費} \\ \text{比 率} \\ \text{(3か年平均)}} = \frac{\text{(地方債の元利償還金＋準元利償還金)－} \\ \text{(特定財源＋元利償還金・準元利償還金} \\ \text{に係る基準財政需要額算入額)}}{\text{標準財政規模－(元利償還金・準元利償} \\ \text{還金に係る基準財政需要額入額)}}$$

$$\substack{\text{将来負担} \\ \text{比 率}} = \frac{\text{将来負担額－(充当可能基金額＋特定} \\ \text{財源見込額＋地方債現在高等に係る} \\ \text{基準財政需要額算入見込額)}}{\text{標準財政規模－(元利償還金・準元利} \\ \text{償還金に係る基準財政需要額算入額)}}$$

$$\text{資金不足比率} = \frac{\text{資金の不足額}}{\text{事業の規模}}$$

●健全化判断比率の公表

自治体は健全化判断指標について、前年度の決算を受けて作成したのち、監査委員の審査に付し、議会に報告して公表しなければならない。

●財政健全化計画、財政再生計画

健全化判断比率のうち、ひとつでも早期健全化基準を上回る場合には、年度末までに「財政健全化計画」を定める。また、同様に財政再生基準を上回る場合には、年度末までに「財政再生計画」を策定する。いずれも議会の議決を経て定める必要がある。また、財政再生計画について、総務大臣の同意を得ないと、一般的な地方債の起債ができなくなる。

ひとこと

健全化判断比率の最大の特徴は、普通会計ばかりではなく、公営企業会計や一部事務組合、第三セクターなどの財政状態も考慮に入れるところにある。しかし、一方で抜け道もあり、また逆に病院会計のような性質のものも含まれるなど、必ずしも、自治体の財政状況を的確に反映しているとはいえない。また、肝心の財政再生対策も再生振替特例債という地方債が唯一の手段という点も不安が残る。これらの健全化法制に惑わされず、自治体ごとの適切な財政運営が行われるように、市民、議会の監視と職員の規律が求められることには変わりない。

地方税と地方交付税

[関係条文] 自治法第223条、第243条の4

● 一般財源

| 地方税 | ─ 普通税 （＊1）
└ 目的税 （＊2） |

| 地方譲与税 | • 形式上、国税として徴収し、国が自治体に譲与するもの（＊3） |

| 地方交付税 | • 国税の一定率（＊4）を使って、自治体間財政調整と財源保障を調整するしくみ |

● 普通交付税 （＊5） の概念図

◆地方特例交付金

　その他、減税による減収などを一時的に補てんする地方特例交付金（2023年度地方財政計画では2,169億円）も一般財源としてカウントされる。

地方交付税の交付対象となる自治体

歳出	歳入
基準財政 需要額 標準的な事業などに必要なお金を積み上げたもの	基準財政 収入額 入るべきお金を積み上げたもの
	不足額

　自治体の主要な財源である一般財源には「★地方税」「★地方譲与税」「★地方交付税」がある。税財源のあり方は、今後の自治体のあり方にとって大きな課題として残されている。特に地方交付税や地方譲与税のあり方については論点が多い。

地方交付税特別会計

歳出	歳入	
地方財政計画に基づいて算出された財源調整に必要な額（全国の自治体の不足額を積み上げた額）	国税の一定率の額など	国の一般会計からの繰入れや特例地方債の発行など
	不足額	

＊1　★普通税

　どの経費にも充てることができる一般の税金のこと。

・道府県「道府県民税」「事業税」「不動産取得税」「自動車税」など
・市町村「市町村民税」「固定資産税」「軽自動車税」など

＊2　★目的税

　特定の使い道が決まっている税金のこと。

・県「狩猟税」など
・市「入湯税」「事業所税」など

＊3　地方譲与税

・「特別法人事業譲与税」「自動車重量譲与税」「地方揮発油譲与税」「森林環境譲与税」など

＊4　国税の一定率

　所得税、法人税の収入額の33.1％、酒税の収入額の50％、消費税の収入額の19.5％、地方法人税の収入額の全額

＊5　★普通交付税

　地方交付税のうち、災害などの特別な財政需要に備えておくものを★特別交付税といい、その他の一般的なものを普通交付税という。

7-6 法定外普通税と法定外目的税

[関係条文] 地方税法第259条、第669条、第731条　他

● 法定外普通税　　● 法定外目的税 （＊1）

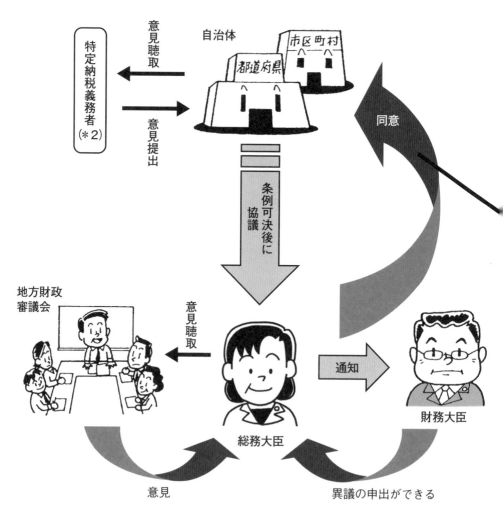

特定納税義務者（＊2）

意見聴取

意見提出

自治体

市区町村

都道府県

同意

条例可決後に協議

地方財政審議会

意見聴取

総務大臣

通知

財務大臣

意見

異議の申出ができる

自治体が法定外普通税と法定外目的税を新設したり、変更したりするときは、総務大臣と「同意を要する協議」を必要とする。その結果に不服がある場合、自治体は国地方係争処理委員会に審査の申出をすることができる。横浜市の勝馬投票券発売税は総務大臣の同意が得られず、国地方係争処理委員会に持ちこまれた（2004年に導入断念）。

◆法定外税の実施状況
（2023年4月現在・2021年度決算額）

〔法定外普通税〕20件500億円
石油価格調整税（沖縄県）、核燃料税（福井県など）
別荘等所有税（熱海市）、使用済核燃料税（薩摩川内市など）など
〔法定外目的税〕45件133億円
産業廃棄物税（三重県など）、宿泊税（東京都など）
遊漁税（富士河口湖町）、環境未来税（北九州市）など

＊1　法定外目的税
　自治体が条例で定める特定の費用に充てるために、法律で決められている税以外に設ける税。

＊2　特定納税義務者
　法定外税の納税額が、全納税者の納税額総額の10分の1を継続的に超えると見込まれる者。この場合、議会は条例制定前に特定納税義務者の意見を聴取し、特定納税義務者は議会に意見の提出を行う。

同意しない事由は次のものに限られる。
• 国税または他の地方税と課税標準を同じくし、かつ、住民の負担が著しく過重となること
• 自治体間における物の流通に重大な障害を与えること
• 国の経済施策に照らして適当ではないこと

ひとこと

　法定外普通税と法定外目的税を自治体が新設することは、地方税財政制度の改革と併せて重要な仕事である。また総務大臣が同意しない要件が法定されていて、仮に自治体と国が紛争状態になったときの判断基準となる。

7-7 国庫支出金・使用料・手数料

[関係条文] 自治法第225条、第227条

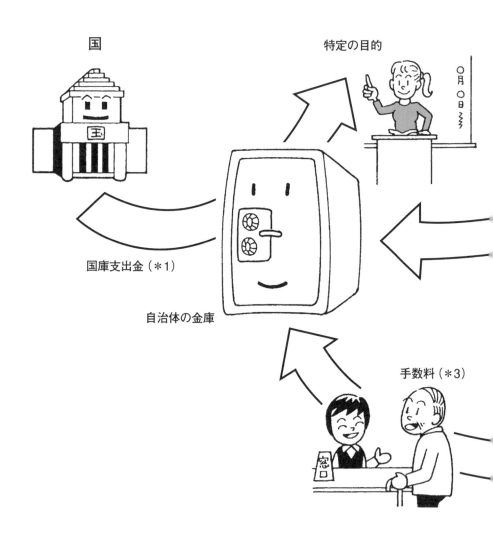

国

特定の目的

国庫支出金（＊1）

自治体の金庫

手数料（＊3）

自治体の財源には「地方税」「地方交付税」（☞図７−５）の他に「★国庫支出金」「★使用料」「★手数料」「地方債」（☞図７−８）「寄附金（ふるさと納税など）」などがある。手数料は法定受託事務を含めて、全て条例で定める。

住　民

使用料（＊２）

施設利用

住　民

＊１　国庫支出金

　特定の目的のために国が自治体に支払う経費のことで、使途が定められていない地方交付税とはこの点が異なる。

　国庫支出金には、国が義務的に負担する「★国庫負担金」（義務教育費、生活保護費など）、国が自治体の事業を誘導、奨励するための「★国庫補助金」、国が自治体に委託する経費を支払う「★国庫委託費」（国勢調査など）がある。

＊２　使用料

　住民などが「行政財産の使用」「公の施設の利用」をするときに、自治体に支払うお金。たとえば、市民ホールや集会室を利用するときの使用料、水道料金などのこと。

　施設の維持管理費や減価償却費などをもとにして使用料が定められる。

＊３　手数料

　印鑑証明や各種の申請など、自治体が限られた人たちに行うサービス提供に対して、支払われるお金。法定受託事務を含めて、全ての手数料を条例で定める。

　ただし「★標準事務」（手数料を全国的に統一して定めることが特に必要と認められるものとして政令で定める事務）については、政令で標準額が示され、自治体はその額をもとにそれぞれが判断して条例で定めることになる。

*地方債と協議制度

[関係条文] 自治法第230条、地方財政法第5条、第5条の3

地方債を財源にすることができるもの（地方財政法）
- 公営企業の経費（*1）
- 出資金、貸付金の財源（*2）
- 地方債の借換えの財源
- 災害復旧事業費の財源
- 公共、公用施設の建設事業費の財源（*3）
- 公共、公用に供する土地、代替地としてあらかじめ取得する土地の購入費（*4）

この他、過疎対策事業債、退職手当債、臨時財政対策債など、個別法などを根拠として地方債が発行されている。

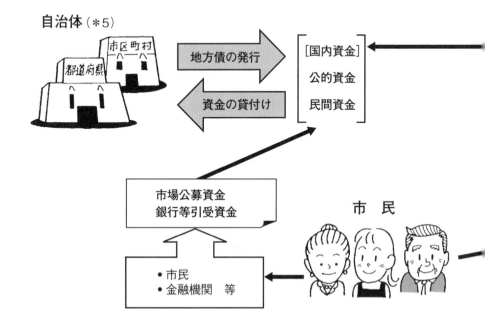

自治体（*5）

市区町村
都道府県

地方債の発行 →

← 資金の貸付け

[国内資金]
公的資金
民間資金

市場公募資金
銀行等引受資金

市　民

- 市民
- 金融機関　等

◆協議制度

自治体は地方債を起こしたり、変更するときには総務大臣（市町村の場合には知事）に協議しなければならない。同意の基準は毎年政令で定められる。ただし軽微な場合や省令で定める場合には協議する必要はない。同意を得られずに発行することもできるが、そのときは議会に報告する。

★**財政融資資金**
　財投債（国債）
地方公共団体金融機構資金
　政府保証債・地方金融機構債

* 市民
* 企業
* 政府（←市民）等

* この他、国外資金（外貨建て・円建て）も可能

＊1　公営企業の経費
　交通事業、病院事業、水道事業その他自治体の行う事業に要する経費の財源。

＊2　出資金、貸付金の財源
　出資、貸付けを目的として土地、物件を買収するために要する経費を含む。

＊3　公共、公用施設の建設事業費の財源
　公共的団体、国、自治体が出資している法人で法令が定めるものが設置する公共施設の建設事業にかかる負担、助成に要する経費を含む。

＊4　公共、公用に供する土地、代替地としてあらかじめ取得する土地の購入費
　当該土地に関する所有権以外の権利を取得するために要する経費を含む。

＊5　自治体
　2つ以上の自治体が、議会の議決を経て共同して地方債を発行することもできる。

7-9 公の施設と指定管理者制度

[関係条文] 自治法第244条〜第244条の4

● 「指定管理者制度」と「業務委託」との違い

	指定管理者制度	業務委託
性　格	公の施設管理権限の委任であり、行政処分の一種。	清掃や警備などの業務に関する私法上の契約に基づく取引関係。
指定の方法	指定の手続きを条例で定め、指定に際しては①当該の公の施設の名称、②指定管理者となる団体の名称、③指定の期間等について議会の議決を経る。	仕様書に基づく入札など一般的な契約と同じ。
資　格	法人その他の団体。法人格は不要だが、個人は指定できない。	一般的な契約と同じ。
指定の期間	特段の定めはなく、原則として、個別の案件ごとに条例で定める。	原則として当該会計年度以内。
主な権限の範囲	①利用者からの料金を自らの収入として収受すること ②条例の枠組みのなかで、自治体の承認を得て、自ら料金を設定すること ③個々の使用許可をすること	①私人又は指定公金事務取扱者の公金取り扱い規定（地方自治法第243条、同施行令第158条）に基づく使用料等の徴収 ②自治体の設定した基準に基づく入場券の検認、利用申込書の受理、利用許可証の交付
自治体の責任	公の施設の設置については自治体が行うので、たとえば次のような事柄は自治体の責任となる。 ①使用料の強制徴収 ②審査請求に対する決定 ③行政財産の目的外使用許可	一般的な契約と同じ。

●自治体の財産

```
        ┌ 公有 ┌ 行政 ┌ 公用
        │ 財産 │ 財産 │  ● 庁舎、議事堂など、役
        │      │      │     所が直接使用すること
        │      │      │     を目的とする財産
        │      │      │ 公共用
        │      │      │  ● 学校、病院、公園など、
財      │      │      └     住民が利用することを
        │                    目的とする財産
産  ┤   │      普通財産
        │       ● 直接、特定の行政目的に利用
        │         するものではなく、その財産
        │         から生じる収益をもって財源
        │         に充てることを主目的として
        │         いるもの
        │ 物品
        │ 債権
        └ 基金
```

注意

行政財産は原則として売却、信託などはできないが、一定の条件のもとで建物の一部を貸し付けることができる（2006年改正）。

●公の施設の原則

公の施設は、住民サービスの重要な部分を占めることから、設置や管理などについて、条例で定めることを要件としている。また、重要な公の施設の廃止や長期的、独占的に利用させようとするときは出席議員の2/3以上の同意が必要となる。さらに、次のような一般的原則が定められている。

①利用拒否の禁止

ただし、他の利用者に著しい迷惑を及ぼすことが明白な場合等、正当な理由があれば拒否することも可能と解されている。

②差別的取扱いの禁止

ただし、他の自治体の住民の使用料金に差を設ける等は差別的取扱いではないと解されている。

●公の施設ではないものの例

①住民の利用を主目的としていないもの

庁舎、試験研究機関など

②他の自治体の住民の利用を主目的とするもの

観光ホテル、物産陳列所など

③住民の福祉を増進することを主目的としないもの

競輪場、競馬場など

市場化テストと地方独立行政法人

[関係法律] 公共サービス改革法、地方独立行政法人法

●自治体の市場化テスト

知事・市町村長

●自治体の特定公共サービス

1 戸籍法に基づく戸籍謄本など
2 地方税法に基づく納税証明書
3 住民基本台帳法に基づく住民票の写しなど
4 住民基本台帳法に基づく戸籍の附票の写し
5 印鑑登録証明書

の交付の請求の受付と引渡し

●民間事業者が落札した場合の措置

1 秘密保持義務 （＊1）
2 みなし公務員 （＊2）
3 報告徴収
4 立ち入り検査

実施方針の作成

• 民間事業者から意見聴取

• 特定公共サービスについての情報公開

• 実施方針の公表

実施要綱の作成

• 「合議制の機関」によるチェック

官民競争入札・民間競争入札の実施

2006年5月に公共サービス改革法が成立し「市場化テスト」が制度化された。これは、もともとイギリスでサッチャー政権時代に取り入れられた強制競争入札（CCT）がモデルとなっており（ブレア政権で廃止され、ベストバリュー制度に修正された）、行政組織と民間企業が行政サービスに関して競争入札を行うことをいう。国においては行政処分を除く行政サービス全般が対象となりうるが、自治体においては法律の特例を必要とする特定行政サービスが対象になる。また地方独立行政法人法は2003年7月に成立し、2004年4月から施行されている。

●地方独立行政法人(2023年4月現在165法人)

1　試験研究機関
2　大学
3　公営企業（水道、バス、病院など）
4　社会福祉
5　公共的施設（博物館、動物園など）
6　申請等関係事務処理法人
　　（住民票の写しなどの発行）

●地方独立行政法人の種類

一般独立行政法人	非公務員型
特定独立行政法人	公務員型
公立大学法人	非公務員型

●地方独立行政法人の主な手続き

1　出資は自治体に限る
2　定款を議会で議決する
3　総務大臣（公立大学法人の場合は文部科学大臣も）・知事の認可を受ける
4　地方独立行政法人評価委員会を置く
5　自治体の長は中期目標を定め指示する
6　法人は中期目標を受けて中期計画と年度計画を定める
7　実績について評価委員会の評価を受ける

＊1　秘密保持義務
　民間事業者の役員、職員、従事者は地方公務員法上の義務が課せられるわけではないので、地方公務員の守秘義務とその罰則は適用されない。そこで、法律で業務の実施に関して知りえた秘密を漏らしたり、盗用したりすることを禁じるとともに、1年以下の懲役または50万円以下の罰金に処することを規定している。

＊2　みなし公務員
　みなし公務員とは、刑法その他の罰則の適用について、刑法第7条第1項の「法令により公務に従事する」者とみなされることをいう。市場化テストの従事者はみなし公務員とされている。これによって刑法の贈収賄罪や公務執行妨害罪の適用を受けることが明示され、通常よりも厳しく処せられることになる。特殊法人、独立行政法人、さらに建築確認に関する指定確認検査機関、駐車違反の取締りに関する放置車両確認機関の職員や従事者などもみなし公務員とされており、日本には思いのほか多数のみなし公務員が存在している。

予算づくりの流れ

　自治体の予算は公金を原資とした市民との約束事なので、企業経営とは異なる原則が設けられ、前年度末に議会で議決される。そのために、一つの年度の予算づくりから決算までは、およそ2年をかけて完結する。

・自治体の予算には「★会計年度独立の原則」と「★総計予算主義の原則」の二つの原則がある。

●会計年度独立の原則
自治体の会計年度は4月から翌年3月まで決められていて、各年度の歳出はそれぞれの年度の歳入をもって充てなければならない。

●総計予算主義の原則
各会計年度の一切の収入と支出を予算に編入しなければならない。

・会計年度独立の原則があるので、企業会計とは違って決算が遅くなり、最終的には翌年度の9月の決算議会で諮られる。

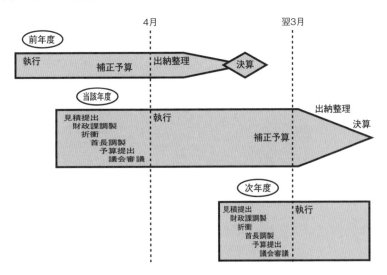

8

自治体と
国との関係

8-1 自治体の役割と国の配慮

[関係条文] 自治法第1条の2

市　民

自治体の役割

- 住民の福祉の増進を図る
- ★地域における行政を自主的かつ総合的に実施する

自治体行政

●自治体に対する立法原則（自治法第2条第11項〜第13項）

　国が自治体に関する法令を規定したり、解釈や運用にあたっては、「地方自治の本旨」「国と自治体との適切な役割分担」を踏まえることが義務付けられている。さらに法律や政令により自治体が処理する事務で、かつ自治事務である場合、国は自治体が地域の特性に応じて事務を処理することができるよう特に配慮しなければならないとされている。

●国の自治体への配慮

- 住民に身近な行政は自治体にゆだねる
- 自治体に関する制度の策定や施策の実施にあたって、自治体の自主性や自立性が十分に発揮されるようにする

国

国の役割

- 国際社会における国家としての存立にかかわる仕事
- 全国的に統一して定めることが望ましい基本的な準則に関する事務
- 全国的な規模（視点）をもった事業の実施

ひとこと

　自治体の役割が国の事務との関連で規定されている意味は大きい。
　一方、「地域における行政」という規定は、自己決定を行う政治的な意味での自治という側面（立法権）が含まれていないという批判と解釈がある。しかし明文化されていなくてもこれらが市民に帰属し、地域社会としての自治体に政治的な意味での自治権があるのは当然であろう。

国と地方の協議の場

[関係法律] 国と地方の協議の場に関する法律

●国と地方の協議の場

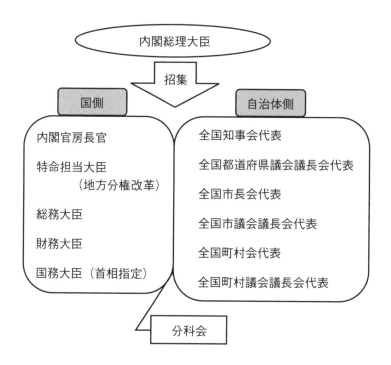

内閣総理大臣

招集

| 国側 | 自治体側 |

国側
内閣官房長官
特命担当大臣
　　　　（地方分権改革）
総務大臣
財務大臣
国務大臣（首相指定）

自治体側
全国知事会代表
全国都道府県議会議長会代表
全国市長会代表
全国市議会議長会代表
全国町村会代表
全国町村議会議長会代表

分科会

＊首相は構成員ではないがいつでも出席して発言できる
＊議長、議長代行は国側から首相が指定
＊副議長は自治体側から互選
＊その他、臨時の議員の参加も可

　国と地方との協議の場が2011年に法制化された。これまでも地方六団体などから自治体の国政参加について要望が重ねられてきた。また実際に「三位一体の改革」では、補助金改革の具体案を自治体側にとりまとめさせ、提案させる場として「国と地方の協議の場」が設けられた。一方、現状は形式的に開催されることが多く、実質的な協議や交渉が行われていないという批判もある。

■協議の対象

次に掲げる事項のうち重要なもの

- 国と自治体との役割分担に関する事項
- 地方行政、地方財政、地方税制その他の地方自治に関する事項
- 経済財政政策、社会保障・教育・社会資本整備に関する政策その他の国の政策に関する事項のうち、地方自治に影響を及ぼすと考えられるもの

■国会への報告

- 議長は、協議の場の終了後遅滞なく、協議の概要を記載した報告書を作成し、国会に提出

■協議事項の尊重

- 協議が調った事項について、参加者は協議結果を尊重しなければならない

注意

　協議の場の法制化には批判的意見もある。その代表的論者である片山善博前鳥取県知事は、市民の国政参加こそが重要であり、地方六団体という圧力団体、天下り団体との協議では、結果的に官僚主導に陥ると指摘した（2010年4月16日参議院総務委員会）。しかしその後、片山氏が総務大臣となってこの法案を成立させることになった。

　また協議結果の尊重義務の明示は、自治体間の意見の相違に対し、地方六団体が責任をもって収拾する責務を負うかのようにも読め、小規模自治体や独自の政策を展開する自治体に対する圧力になるのではないかとも危惧されている。つまり、自治体連合組織の代表者による国政参加は、同時に自治体の国政動員として裏返る危険性があり、今後の運用を監視する必要がある。

8-3 自治体活動の制約

[関係法律] 自治法、地方財政法 等

1 権限 (*1)

「★機関委任事務」→2000年廃止

*ただし「★自治事務」を含めて 多様で詳細な「★国の関与」を 制度化

「★補助金」「起債」「地方交付税」 「計画策定」を利用した国の政 策誘導

2 財政 (*2)

「★地方税」制度

「★地方交付税」制度

「★地方債」制度

ポイント　自治体の活動や自治の理念には高い理想が掲げられ、法制的にもそれを裏付ける構成がとられている。しかし、実際の自治体の活動は必ずしもそのとおりに行われているわけではない。自治体の「自治」を阻害するような要因が組み込まれていたり、自治体の実践がその阻害要因を克服できていない場合があるからである。

3　人事（＊3）

過半数を占める国官僚出身の知事

国の府省からの「出向」が目立つ都道府県の幹部職員

ひとこと

官選知事制度が廃止されて70年以上経過したが、いまだに国官僚出身の知事が目立つ。

東京都知事を務めた★鈴木俊一さんの回顧録によれば、戦後の地方制度づくりの中で、当時の内務省は、何とか知事の直接選挙を避け、間接選挙にとどめたいという意向をもっていたようだ。最終的に直接選挙と整理された後になっても、知事には国の官吏の肩書きを併任させるということまでしている。「いずれは知事に」という国官僚の気持ちが現代にも引き継がれているのかもしれない（鈴木俊一『回想・地方自治五十年』ぎょうせい、1997年、及び同『官を生きる』都市出版、1999年参照）。

＊1　権限

「機関委任事務」「法定受託事務」「自治事務」等については図1－9、1－10参照。

「国の関与」については、図8－4から8－12までを参照。

＊2　財政

「地方税」「地方交付税」制度については図7－5参照。

「地方債」制度については図7－8参照。

＊3　人事

2022年10月現在、国の府省から自治体に出向している職員数は総数で1,766人。警察庁からの出向を除くと、その多くが課長級以上の管理職に就いている。もともと「出向」という人事制度は存在しないが、2015年度から地方創生人材支援制度が始まり、国家公務員が自治体幹部等に派遣される正規の制度がつくられた。

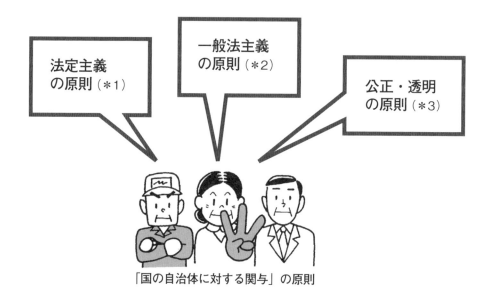

法定主義
の原則（*1）

一般法主義
の原則（*2）

公正・透明
の原則（*3）

「国の自治体に対する関与」の原則

● 「国の関与」の類型

◆*自治事務
• 助言または勧告
• 資料の提出の要求
• 協議
• 是正の要求（*4）

◆*法定受託事務
• 助言または勧告
• 資料の提出の要求
• 協議
• 同意
• 許可、認可または承認
• 指示
• 代執行（*5）

◆その他「具体的個別的に関わる行為」

国と自治体との対等・協力の関係をめざした2000年分権改革では、自治体に対する「国の関与」の3原則が掲げられ、それらに基づき、国が自治体に関与する場合の類型が自治法に定められた。

　（この関係は都道府県と市町村との関係にもほとんどがあてはまるが、本書の記述では割愛している部分がある。）

＊1　★法定主義の原則

　法律またはこれに基づく政令によらなければ、自治体は国の関与を受けることはない。

　つまり、国が自治体の仕事に対して、何らかの関与をしようとするときは、法律やこれに基づく政令に根拠がなければならない。

＊2　★一般法主義の原則

　国が自治体の仕事に何らかの関与をしようとするときは、自治法に定められたやり方に基づいて行うことを原則とし、他の法律で別の関与の仕方を設けてはいけない。

　また、関与は目的達成のために必要最小限度のものとし、自治体の自主性や自立性に配慮しなければならない。

＊3　★公正・透明の原則

　関与の手続きとして「書面の交付」「許可・認可等の審査基準、標準処理期間の設定・公表」等が設けられている。

＊4　★是正の要求

　自治体の事務処理が「法令に違反しているとき・著しく適正を欠くとき」かつ「明らかに公益を害しているとき」に、自治体に対して是正や改善が求められ、自治体は必要な措置を講じなければならない。

＊5　★代執行

　自治体の事務処理について「法令に違反しているとき」または「事務処理を怠っているとき」、是正のための措置を自治体に代わって行う。

ひとこと

　国の自治体への関与について「★一般法主義の原則」に基づき、類型化したものである。しかしその他に「★具体的個別的関与」の余地を認めてしまったので、各種の個別法のなかに、これらの類型とは異なるやり方が残存するのを是認するようになってしまった。

「*国の関与」に対する制限

[関係条文] 自治法第245条の3

◆国が自治体の事務処理に何らかの関わりを持とうとするときは

- 目的を達成するために必要な最小限度のものとする
- 自治体の自主性、自立性に配慮する
- 自治事務については「できる限り」、「*代執行」（＊1）、「*具体的個別的関与」（＊2）をしない
- 法定受託事務については「できる限り」、「具体的個別的関与」をしない
- 国は「国と自治体との計画の調和を保つ」など「施策の調整」をする以外には自治体との「協議」をしない

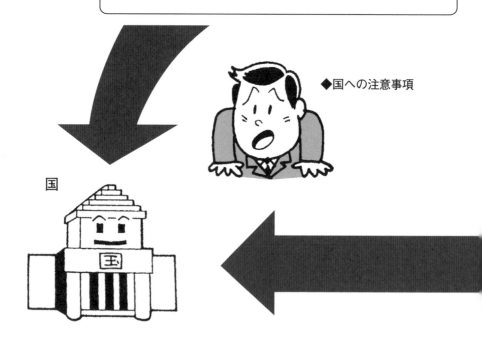

◆国への注意事項

国

ポイント

　国が自治体の仕事に対して、何らかの方法で関わろうとする場合でも、自治体の自主性や自立性に配慮して、基本的には必要最小限のものにとどめなくてはならない、といったいくつかの注意事項が自治法に定められている。

＊1　自治事務への代執行

　「代執行」という関与方法については、法定受託事務の管理や執行に限られている（法第245条の8）が、法第245条の3では「できる限り」という修飾がつくことによって、自治事務に関する「代執行」の余地を残している。国会における大臣答弁や説明資料などでは、自治事務に対する「代執行」はありえないと明言している。

＊2　具体的個別的関与

　個別法のなかに、関与の類型にあてはまらない規定（具体的個別的関与）が見られるが、たとえそうであっても、ここにあげられた原則や注意事項は国の自治体に対する行為を律するものであり、これらの主旨に反することはできないと理解するべきであろう。

◆★同意
• 「法令に基づき国が財政上、税制上の特例措置を講じるとされている計画を自治体が作成する」など、「国と自治体との施策の整合性を確保しなければ、施策の実施に著しく支障が生じる」ときを除いて、自治事務に「同意」という関与を用いてはならない

◆★許可、認可又は承認
• 自治体が「特別の法律により法人を設立する場合」など、「許可、認可又は承認」以外の方法では処理の適正を確保できない場合を除いて、自治事務に「許可、認可又は承認」という関与を用いてはならない

◆★指示
• 「国民の生命、身体又は財産の保護のため緊急に的確な処理を確保する必要がある場合」を除いて、自治事務に「指示」という関与を用いてはならない

*技術的な助言、*資料提出要求（自治事務・法定受託事務）

[関係条文] 自治法第245条の4、第247条、第248条

●各大臣または都道府県知事やその執行機関

各大臣

大臣の「担任する事務」に関して

書面で行われなかった場合、自治体は書面を要求することができる。

• 自治体の事務の運営などについて、適切と認める「技術的な助言」「★勧告」をし、またはそのための情報提供のために「資料の提出」を求めることができる。

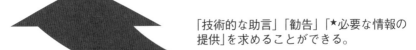

「技術的な助言」「勧告」「★必要な情報の提供」を求めることができる。

ポイント　各大臣は「担任する事務」に関して、自治体に技術的な助言や勧告をしたり、資料の提出を求めることができ、また逆に、自治体は各大臣に対して、技術的な助言、勧告、情報の提供を求めることができる。

注　意

　市町村の事務について、各大臣は知事（またはその執行機関）に対し、「市町村に対する助言、勧告、資料提出要求」を「指示」することができる。

自治体が助言等に従わなかったことを理由として、不利益な取扱いは受けない。

自治体

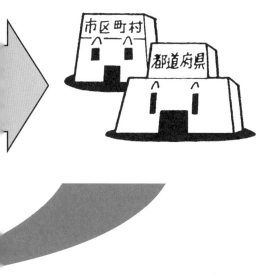

各大臣

指示

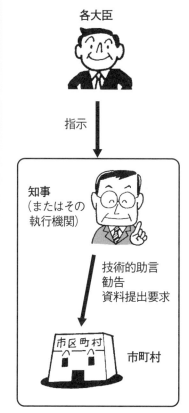

知事
（またはその
執行機関）

技術的助言
勧告
資料提出要求

市区町村　市町村

8-7 ＊是正の要求（自治事務・第2号法定受託事務）

[関係条文] 自治法第245条の5、第249条

●各大臣が担任する事務に関して

各大臣

応答義務

都道府県に対し指示

市町村に対し直接指示

緊急を要するとき、その他特に必要があると認めるとき

都道府県の「自治事務」の処理または市町村の「自治事務」「第2号法定受託事務」の処理が「法令の規定に違反している」と認めるとき、「著しく適正を欠き、かつ、明らかに公益を害している」と認めるとき

ポイント 各大臣は都道府県の自治事務の処理に関して是正の要求をすることができる。また、市町村が自治事務と第2号法定受託事務に関して、「法令違反」「不適正、反公益」の事務処理をしていると各大臣が認めるとき、各大臣は都道府県に対して市町村へ違反是正・改善の要求をするように「指示」できる。

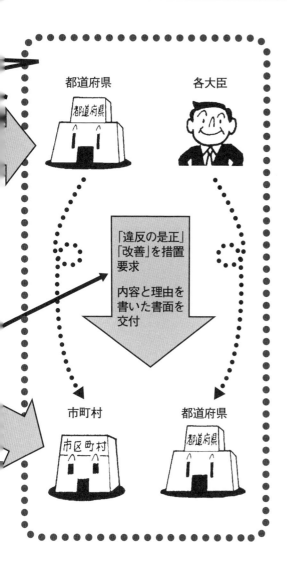

都道府県の市町村に対する関与について、このまま条文を鵜呑みにすると、都道府県は国の指示を市町村に伝えるだけの存在になってしまう。しかしそれは法の主旨からも妥当ではない。

国会における大臣答弁の中でも、都道府県が各大臣の指示に従うときは、都道府県がその指示を納得しているときであって、そこで生じた問題は都道府県が負うという主旨が述べられている。逆にいえば、都道府県は各大臣から指示があったとしても、市町村の立場になって、その指示が妥当ではないと思われるときは、きちんと各大臣に申出をし、最終的には★国地方係争処理委員会まで持ちこむことが必要である。応答義務が付いているのは、その過程を踏むためだともいわれている。

*是正の勧告（自治事務）

[関係条文] 自治法第245条の6、第247条

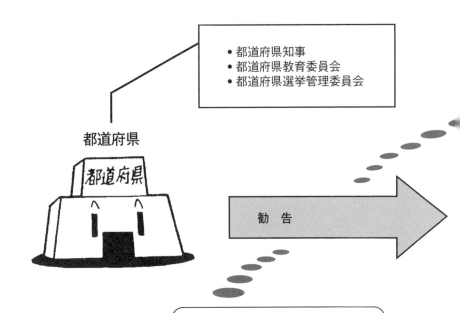

- 都道府県知事
- 都道府県教育委員会
- 都道府県選挙管理委員会

都道府県

勧　告

市町村の「自治事務の処理」に関して
- 「法令の規定に違反している」
- 「著しく適正を欠き、かつ、明らかに 公益を害する」と認めるとき
- 「違反の是正」「改善に必要な措置」 を勧告

都道府県は、市町村の自治事務の処理について、「法令の規定に違反している」「著しく適正を欠き、かつ、明らかに公益を害する」と認めるとき、市町村に対して「違反の是正」「改善」のための措置をするように「勧告」することができる。

書面で行われなかった場合、自治体は書面を要求することができる

市町村

自治体が勧告に従わなかったことを理由として、不利益な取扱いは受けない。

ひとこと

2003年6月、福島県と東京都はそれぞれ矢祭町と中野区、杉並区、国立市に対して住基ネットへの接続を求めて是正の勧告を行った。また、総務省は2009年に東京都と福島県に対し、国立市と矢祭町へ是正の指示をするように是正の要求をした。しかし、この事務は自治事務であり、結果的に市町村の意向に基づいて執行された。

注意

都道府県が市町村の「自治事務」について、何らかの関与をするときは「勧告」になる。「勧告」については法文上、定義されていないが、他の条文から推測すると、是正措置の「要求」や「指示」よりも軽く、「助言」に近い程度のものと思われる。

一方、国が市町村の自治事務について関与するときは、都道府県に対して「市町村へ要求」するように「指示」するか、直接「要求」するかになっている。

［関係条文］自治法第245条の7、第249条

（各大臣）
都道府県・各委員会

内容と理由を書いた書面を交付する。

指　示

都道府県、または市町村の「法定受託事務」の処理に関して
- 「法令の規定に違反している」
- 「著しく適正を欠き、かつ、明らかに公益を害する」と認めるとき
- 「違反の是正」「改善」を指示

所管する法律またはこれに基づく政令に係る場合

都道府県に対し「市町村に指示」するように「指示」（第1号法定受託事務に限る）

各大臣

各大臣は、都道府県の「法定受託事務」の処理に関して、また、都道府県は、市町村の「法定受託事務」の処理に関して、「法令の規定に違反している」「著しく適正を欠き、かつ、明らかに公益を害する」と認めるときに、「違反の是正」「改善」の措置を「指示」することができる。

また、各大臣は「緊急を要するときその他特に必要と認める場合」に、直接、市町村に「指示」することなどができる。

（都道府県・各委員会）
市町村・各委員会

市区町村

都道府県

市町村に対して「緊急を要するときその他特に必要がある」と認めるとき、直接「指示」（第1号法定受託事務に限る）

2004年4月、福島県知事はいわき市農業委員会に対して、農地転用手続きについての是正の指示をした。結果的にはいわき市の主張のとおり執行された。

注意

自治事務について、各大臣は「担任する事務」に関与することができたが、法定受託事務については、「所管する法律・政令に係る事務」に関与することができるという規定になっている。一般に、両者は同じ内容を指していると理解される。

ただし厳密にいえば、自治事務には法律や政令によらないものも含まれているので（☞図1−10）、このような文言になったと思われる。しかし元を正せば、その部分はまさに自治体が地域の切実さに応じて行っている仕事であり、各大臣が関与するほうが不自然なのではないか。

[関係条文] 自治法第245条の8

各大臣（または都道府県知事）

法定受託事務に
関して

1 勧告

- 法令の規定や各大臣の処分に違反
  する場合
- 管理執行を怠る場合

- この方法以外には是正できず
- 放置することにより著しく公益を
  害することが明らかである場合

- 訴えの提起を都道府県知事
  に通告
- 高裁に通告した日時、場所、
  方法を通知

3 高裁に裁判を請求

文書により

15日以内に
口頭弁論

4 代執行

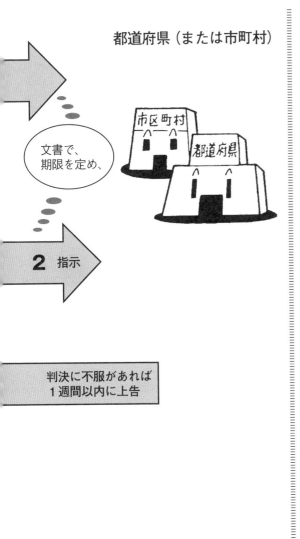

都道府県（または市町村）

文書で、期限を定め、

2 指示

判決に不服があれば
1週間以内に上告

注意

　2000年分権改革以前の旧法第151条の2にあった「★長に対する職務執行命令」の枠組みが、「法定受託事務」についてそのまま適用されたものである。
　しかし旧法と改正法では、全く意味が異なっている。旧法は「機関委任事務」に関するものだったのに対し、改正後は自治体の事務とされた「法定受託事務」を国が執行するというしくみになっている。自治体の行政権を侵すのではないかという疑問の余地がある。
　また、仮に「国家統治」論の観点から、自治体の仕事に国が関与することは「憲法上当然」（内閣法制局長官答弁。1999年9月15日参議院行革特別委員会）としたとしても、都道府県が市町村に対してどうしてそのような強権を持てるのか疑問の残るところでもある。現実的にも困難があり、この代執行が行われたことはない。

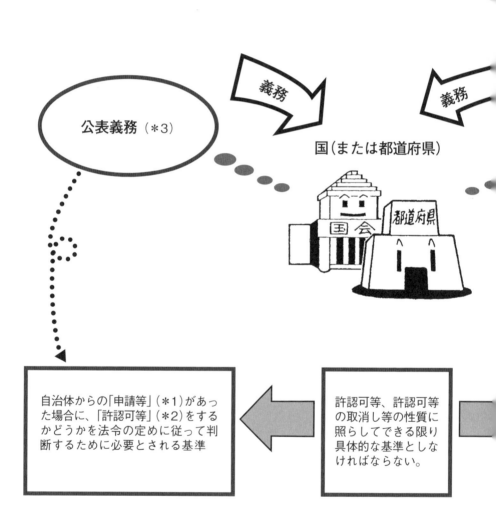

公表義務（＊3）

義務

義務

国（または都道府県）

自治体からの「申請等」（＊1）があった場合に、「許認可等」（＊2）をするかどうかを法令の定めに従って判断するために必要とされる基準

許認可等、許認可等の取消し等の性質に照らしてできる限り具体的な基準としなければならない。

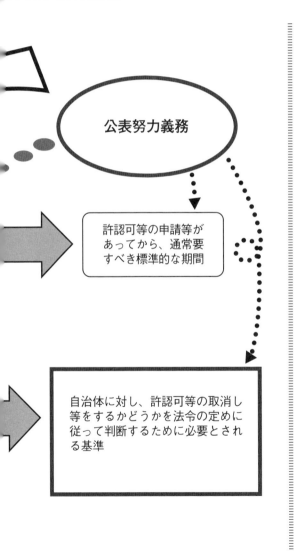

公表努力義務

許認可等の申請等が
あってから、通常要
すべき標準的な期間

自治体に対し、許認可等の取消し
等をするかどうかを法令の定めに
従って判断するために必要とされ
る基準

＊1　申請等
　法令に基づく申請または協議の申
出

＊2　許認可等
　許可、認可、承認、同意、その
他これらに類する行為

＊3　公表義務の例外
　行政上特別の支障があるとき

ひとこと

　自治体の申請等に対する許認可
の基準を、国（または都道府県）
は公表しなければならないという
ことが規定されている。ここで明
記はされていないが、当然、公表
の時期は申請等が予想される以前
でなければならないであろう。
　たとえば「同意を要する協議」
という規定が数多く導入されてい
るが、そのひとつひとつについて、
国（または都道府県）はその基準
を具体的かつ事前に明らかにする
義務を負っている。

［関係条文］自治法第252条の17の5〜7

●組織・運営の合理化

自治体

市区町村

都道府県

自治体の長

自治体の組織・運営の合理化に
資するため「★技術的な助言」
「★勧告」「★資料の提出要求」
をすることができる。

総務大臣
（または都道府県知事）

「最少の経費で最大の効果」「組織・運営
の合理化」「規模の適正化」のために「技
術的な助言」「勧告」「必要な情報提供」を
求めることができる。

総務大臣

指示することができる。

★財務に係る実地検査を
行うことができる。

総務大臣（または都道府県知事）は、自治体の組織と運営の合理化に資するため、自治体に対し、適切と認める技術的助言や勧告をすることができる。また、総務大臣は都道府県に対して、あるいは「緊急を要するときその他特に必要があると認めるとき」には市町村に対して、財務に関係のある事務に関し、実地の検査を行うことができる。都道府県知事は市町村に対して、同様の実地検査をすることができ、総務大臣は都道府県知事にそのことを指示することができる。

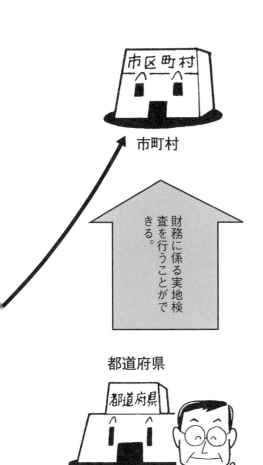

市区町村

市町村

財務に係る実地検査を行うことができる。

都道府県

都道府県

都道府県知事

注 意

旧法に規定されていた自治大臣（または都道府県知事）の自治体への関与が、現在でも基本的にはそのまま残されている。一方で、国の関与は一般法主義を採用し、第245条で関与の類型を定めた。その第3号にある例外規定を用いて、同じ法律のなかに総務大臣の関与という例外を設けたことになる。

したがって、これらの条文を運用する際には、総務大臣も第245条から始まる一般原則に則って対処すべきであろう。

8-13 地方六団体と国への意見

[関係条文] 自治法第263条の3

●地方六団体とは

- 全国町村議会議長会
- 全国町村会
- 全国市議会議長会
- 全国市長会
- 全国都道府県議会議長会
- 全国知事会

各大臣

地方六団体

地方自治に影響を及ぼす法律、政令、その他の事項に関する意見

情報提供義務（＊1）
自治体に新たに事務・負担を
義務付ける施策の立案をする場合

意見書（＊2）

国会

意見の申出（総務大臣経由）（＊2）

回答義務（自治体に新たに事務・負担を
義務付ける国の施策に関する場合）
回答努力の義務（その他の場合）（＊3）

内閣

各自治体の議長や首長で構成される全国的連合組織の総称を地方六団体といい、国会に意見書を提出したり、内閣に意見の申出をしたりする権利が自治法上に保障されている。2006年6月に、地方六団体の連名で提出された意見書では、地方分権の推進方策について提言された。

●地方分権の推進に関する意見書

　地方六団体は意見書と意見の申出を行うことができる。たとえば、2006年6月7日に「豊かな自治と新しい国のかたちを求めて」と題する、次のような7つの提言を国会と内閣に提出した。

提言1　「新地方分権推進法」の制定
提言2　「地方行財政会議」の設置（「国と地方の協議の場」の法定化）(☞8－2参照)
提言3　地方税の充実強化による不交付団体人口の大幅増
提言4　「地方交付税」を「地方共有税」に
提言5　税源移譲に対応し、国庫補助負担金の総件数を半減（一般財源化）して約200とし、地方の改革案を実現
提言6　国と地方の関係の総点検による財政再建
提言7　財政再建団体基準の透明化、首長・議会責任の強化、住民負担の導入

＊1　2006年改正で追加

＊2　1993年改正で追加
　この規定に基づき、地方六団体は、1993年9月26日に、地方分権推進国会決議を受け、連名で「地方分権の推進に関する意見」を国会と内閣に提出し、分権改革の端緒を切り開いた。

＊3　1999年改正（地方分権一括法）で追加

ひとこと

　全国町村会は1921年（大正10年）に創立され、大正デモクラシー期の両税委譲運動（国税であった地租と営業税を地方税に委譲する運動）を担った。その意味で地方六団体は、もともと国の施策に対して自治体の意見を集約する運動体であったともいえる。地方六団体が再び注目されるのは、1990年代に分権改革の一翼を担う事務局的機能を果たしたときであった。その後、三位一体改革では全国知事会を中心に、困難と思われた自治体側の意見をまとめあげ、政治過程の一端に躍り出た。ただ、残念ながらこの意見のほとんどは政府に取り入れられず、挫折感も同時に味わうことになった。

「★通達」から「★処理基準」へ

ポイント

自治体に対して規範力を持つ国の「通達」は廃止された。国が自治体に対して一定の行為を促す場合、「自治事務」については個々の法律や政令に根拠がなければならず（「技術的助言」）、また「法定受託事務」については個別の指示ではなく、一般的な「処理基準」を示すことが原則となっている。

●法定受託事務の処理基準

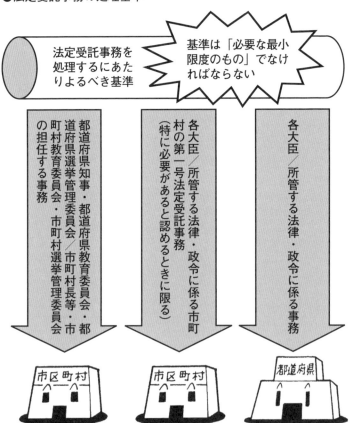

法定受託事務を処理するにあたりよるべき基準

基準は「必要な最小限度のもの」でなければならない

都道府県知事・都道府県選挙管理委員会／市町村長等・市町村教育委員会・市町村選挙管理委員会の担任する事務

各大臣／所管する法律・政令に係る市町村の第一号法定受託事務（特に必要があると認めるときに限る）

各大臣／所管する法律・政令に係る事務

市区町村

市区町村

都道府県

9

自治体の
紛争処理

9-1 ˟国地方係争処理委員会 (˟審査の申出)

[関係条文] 自治法第250条の13

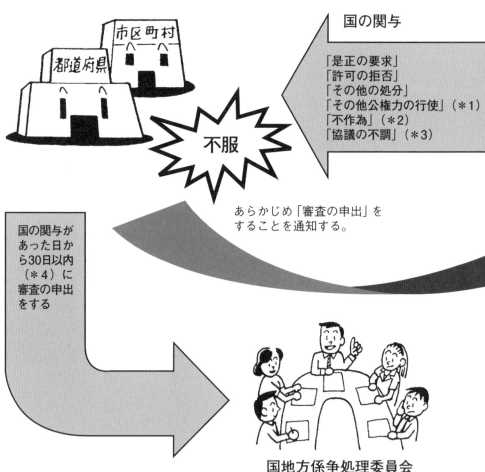

自治体

市区町村

都道府県

不服

国の関与

「是正の要求」
「許可の拒否」
「その他の処分」
「その他公権力の行使」（＊1）
「不作為」（＊2）
「協議の不調」（＊3）

あらかじめ「審査の申出」を
することを通知する。

国の関与が
あった日か
ら30日以内
（＊4）に
審査の申出
をする

国地方係争処理委員会

自治体は「国の関与」のうち「★是正の要求」「★許可の拒否」「その他の処分」「その他公権力の行使」「★不作為」「★協議の不調」に不服があるときは、国地方係争処理委員会に対し、30日以内に文書で審査の申出をすることができる。ただし、法定受託事務に係る「代執行」の部分については、例外規定があって、審査の申出ができない。

国

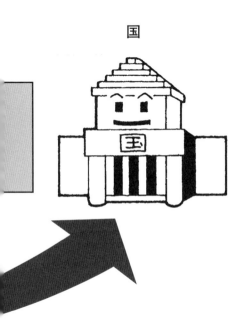

◆国地方係争処理委員会委員

・優れた識見を有する者のうちから、両議院で同意を得て、総務大臣が任命
・委員は5人（そのうち2人以内は常勤とすることもできる）
・委員の任期は3年（再任可能）

＊1　その他公権力の行使
　ただし、法定受託事務の代執行手続きにおける「指示」は除外されているので、国地方係争処理委員会への審査の申出ができないとされている。

＊2　国の不作為
　国の行政庁が、申請等が行われた場合において、相当の期間内に何らかの国の関与のうち許可その他の処分その他公権力の行使にあたるものをすべきにもかかわらず、これをしないことをいう。

＊3　協議の不調
　自治体が、その担任する事務に関する法令に基づく協議の申出を国の行政庁に対して行った場合において、協議に係る自治体の義務を果たしたと認めるにもかかわらず協議が調わないときのことをいう。

＊4　30日以内
・天災等の理由があるときはこの限りではない
・ただしその理由がやんだときから1週間以内にする
・郵送に要した日数は参入しない

*国地方係争処理委員会（*勧告と*調停）

[関係条文] 自治法第250条の14、第250条の15、第250条の19

国地方係争処理委員会

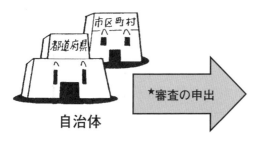

自治体

*審査の申出

「是正の要求」 「許可の拒否」 「その他の処分」 「その他公権力の行使」	●自治事務 • 違法ではないか • 不当ではないか（＊1） ●法定受託事務 • 違法ではないか
「不作為」	• 理由があるか
「協議の不調」	• 自治体が義務を果たしているか

国地方係争処理委員会は、審査の申出があった日から90日以内に審査をし、必要があれば国に対して勧告をしなければならない。その結果は自治体にも通知するとともに公表をしなければならない。

また、国地方係争処理委員会は、職権により、調停案を作成して、審査の申出をした自治体と相手方の国の行政庁に示し、その受諾を勧告するとともに、理由を付してその要旨を公表することができる。

＊1　不当

自治体の自主性、自立性を尊重する観点から不当であるか否かを審査する。

●調停

国地方係争処理委員会　　国の行政庁　　審査の申出をした自治体

勧告

- 国の行政庁に対し、理由を付し、かつ、期間を示して、必要な措置を講ずべきことを勧告する
- 自治体に通知し、公表する

通知

- 勧告の必要のないときは、自治体と国の行政庁に対し、理由を付して通知し、公表する

通知

- 理由を付して、自治体と国の行政庁に通知し、公表する

注意

- 国地方係争処理委員会の審査には、関係行政機関を参加させることができる
- そのときは、あらかじめ審査の申出をした自治体、相手方である国の行政庁、参加させる関係行政機関の意見を聴かなければならない

[関係条文] 自治法第251条の5、第251条の7、第252条

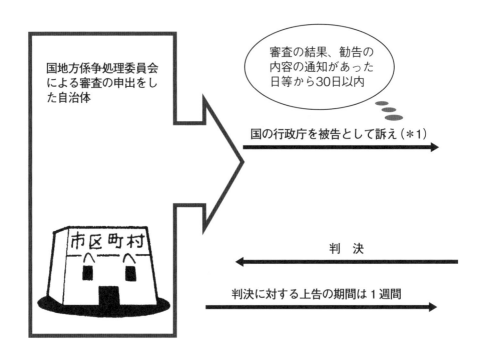

国地方係争処理委員会による審査の申出をした自治体

市区町村

審査の結果、勧告の内容の通知があった日等から30日以内

国の行政庁を被告として訴え（＊1）

判　決

判決に対する上告の期間は1週間

高等裁判所に対する国等による違法確認訴訟制度

1 是正の要求、是正の指示を行った各大臣は、自治体が国地方係争処理委員会に対し審査の申出をせず、かつ、措置を講じないときに不作為の違法確認を求めることができる。

2 各大臣は都道府県に対して、1に準じ、市町村の不作為の違法確認を求めるように指示することができる（第1号法定受託事務を除く）。

3 市町村の法定受託事務について是正の指示を行った都道府県は、1に準じ、市町村の不作為の違法確認を求めることができる。

　★国地方係争処理委員会に審査の申出をした自治体は、審査の結果に不服があるときなどの場合、高等裁判所に対し、国の行政庁を被告として「違法な国の関与の取消し」「国の不作為の違法の確認」を求めることができる。一方、2012年改正で、国等による違法確認訴訟制度が創設された。これは、国等が是正の要求等をしたとき、自治体がこれに応じた措置を講じず、かつ、国地方係争処理委員会への審査の申出もしないとき等に、国等が高等裁判所に訴訟を提起する制度である。

自治体の区域を管轄する高等裁判所

15日以内の日を口頭弁論の期日に指定し、当事者を呼び出す

*1　訴え

　次のような場合に「審査の申出に係る違法な国の関与の取消し」「審査の申出に係る国の不作為の違法の確認」を求めることができる。

- 国地方係争処理委員会の審査の結果、勧告に不服があるとき
- 行政庁の措置に不服があるとき
- 審査の申出をした日から90日を経過しても、国地方係争処理委員会が審査、勧告を行わないとき
- 国の行政庁が措置を行わないとき

注意

　2000年分権改革で創設された国地方係争処理委員会へは国側から審査の申出ができず、自治体側からのみできることになっていた。結果的に、国地方係争処理委員会の中立性や客観性に疑念があるとき、自治体側はあえて審査の申出をせず、市民の支持のもとで独自の政策執行を行う選択が保障されてきた（住基ネット未接続など）。これに対し、国側は2012年改正において、国側からの違法確認訴訟制度を設け、自治体側の行為を規制することとなった。

自治紛争処理委員（*調停）

[関係条文] 自治法第251条の2

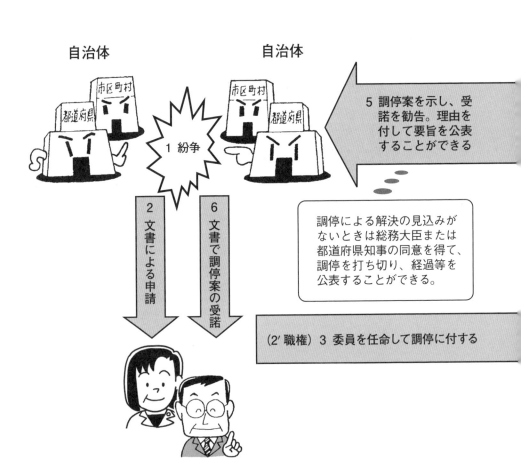

自治体

自治体

1 紛争

5 調停案を示し、受諾を勧告。理由を付して要旨を公表することができる

2 文書による申請

6 文書で調停案の受諾

調停による解決の見込みがないときは総務大臣または都道府県知事の同意を得て、調停を打ち切り、経過等を公表することができる。

(2′職権) 3 委員を任命して調停に付する

総務大臣
（または都道府県知事）
（＊1）

ポイント 総務大臣（または都道府県知事）は、自治体間の紛争があるとき、当事者の文書による申請に基づき、あるいは職権により自治紛争処理委員を任命し、調停に付することができる。自治紛争処理委員におけるさまざまな決定は「合議」による（国地方係争処理委員会は多数決による）。

4 調停案の作成（＊2）

自治紛争処理委員（合議）

＊1　総務大臣（または都道府県知事）

都道府県が当事者となるものについては総務大臣、その他のものは都道府県知事。

＊2　調停案の作成

調停案を作成するため必要があると認めるときは、次のことができる。

- 当事者、関係人の出頭、陳述を求める
- 当事者、関係人、紛争に係る事件に関係のある者に対し、紛争の調停のため必要な記録の提出を求める

◆自治紛争処理委員

- 優れた識見を有する者のうちから、あらかじめ当該事件に関係のある事務を担任する各大臣（または都道府県の委員会もしくは委員）に協議して、総務大臣（または都道府県知事）が事件ごとに任命
- 委員は3人

*自治紛争処理委員（*審査と*勧告）

[関係条文] 自治法第251条の3

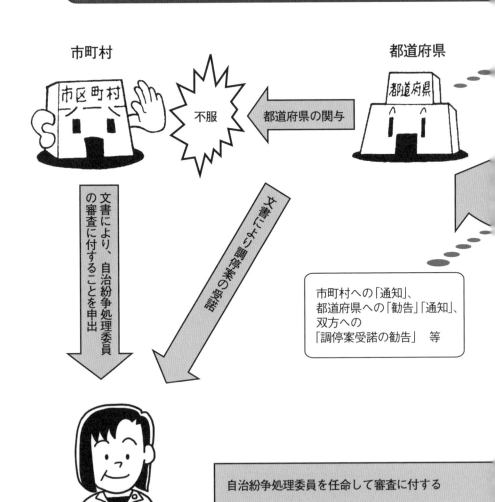

市町村

都道府県

不服

都道府県の関与

文書により、自治紛争処理委員の審査に付することを申出

文書により調停案の勧告

市町村への「通知」、
都道府県への「勧告」「通知」、
双方への
「調停案受諾の勧告」　等

自治紛争処理委員を任命して審査に付する

総務大臣

　市町村が「★都道府県の関与」のうちの「★是正の要求」「★許可の拒否」「その他の処分」「その他公権力の行使に当たるもの」、「★不作為」「★協議の不調」に不服があり、文書により審査に付することを求める旨の申出をしたとき、総務大臣は自治紛争処理委員を任命し、審査に付さなければならない（「国の関与」は国地方係争処理委員会）。基本的に国地方係争処理委員会の審査、勧告、調停等の手続きが準用される。

勧告に即して必要な措置を講ずる

自治紛争処理委員（合議）

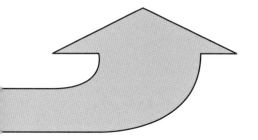

●連携協約についての紛争処理

　2014年改正によって制度化された連携協約について、自治体間に紛争が起きた場合も、当事者の自治体からの申請に基づいて自治紛争処理委員が任命される（第251条の3の2）。

　この場合、自治紛争処理委員は当事者の自治体の同意がなくても「処理方策」を定めることができる。当事者の自治体はその内容に従う法的義務はないものの、これを尊重して必要な措置を取るようにしなければならないとされている。

注意

　図9−4の「調停」が、2000年分権改革以前の旧法から引き継いだ自治体間の紛争に係る調停であったのに対し、ここで規定されている審査、勧告等は、国地方係争処理委員会の項で決められた「国の関与」の都道府県版である「都道府県の関与」に関する規定である。したがって、国地方係争処理委員会の処理と基本的には同じ流れになっている。

★自治紛争処理委員は中立？

ポイント　自治紛争処理委員は、事件が起きる都度、総務大臣が当該事件に関係のある事務を担任する各大臣とあらかじめ協議して任命される。つまり、自治体にとっては係争の相手方に近い立場の委員が任命されることになり、中立的な運営が行われるか危惧される。

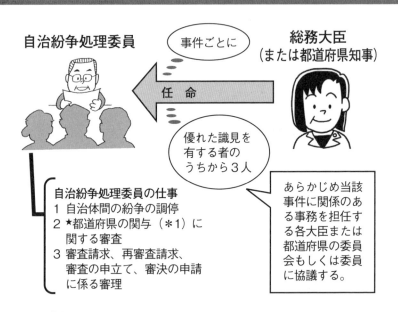

自治紛争処理委員　　事件ごとに　　総務大臣（または都道府県知事）

任命

優れた識見を有する者のうちから3人

あらかじめ当該事件に関係のある事務を担任する各大臣または都道府県の委員会もしくは委員に協議する。

自治紛争処理委員の仕事
1　自治体間の紛争の調停
2　★都道府県の関与（＊1）に関する審査
3　審査請求、再審査請求、審査の申立て、審決の申請に係る審理

＊1　都道府県の関与
　自治体に対する国または都道府県の関与のうち都道府県の機関が行うもの。
「国の関与」については国地方係争処理委員会が処理する。

〔参考〕　島田恵司「自治紛争処理委員制度・再考」『自治総研』2012年10月号

索 引

索引用語については、本文中に★印を付して明示した。

〔著者〕　今井　照（いまい・あきら）

経　歴　（公財）地方自治総合研究所特任研究員。博士（政策学）。
　　　　東京都職員（学校事務）、大田区職員を経て、1999年から福
　　　　島大学行政政策学類教授、2017年から（公財）地方自治総
　　　　合研究所主任研究員、2023年から現職。

主　著　『自治体のアウトソーシング』学陽書房、2006年
　　　　『自治体再建―原発避難と「移動する村」』ちくま新書、2014年
　　　　『地方自治講義』ちくま新書、2017年
　　　　『未来の自治体論―デジタル社会と地方自治』第一法規、
　　　　2023年

編　著　『市民自治のこれまで・これから』公職研、2008年
共編著　『原発事故―自治体からの証言』ちくま新書、2021年
＊その他の主要論稿はリサーチマップをご覧ください。
https://researchmap.jp/read0060217

図解 よくわかる地方自治のしくみ ［第6次改訂版］

初版発行	2000年 1 月20日
第 1 次改訂版発行	2002年 6 月20日
第 2 次改訂版発行	2004年 6 月25日
第 3 次改訂版発行	2007年 3 月20日
第 4 次改訂版発行	2011年 8 月18日
第 5 次改訂版発行	2017年 1 月24日
第 6 次改訂版発行	2023年11月22日
2 刷発行	2024年 3 月26日

著　者─────────────今井　照
発行者─────────────佐久間重嘉
発行所─────────────学陽書房

　　　　　〒102-0072　東京都千代田区飯田橋 1-9-3
　　　　　営業● TEL 03-3261-1111　FAX 03-5211-3300
　　　　　編集● TEL 03-3261-1112　FAX 03-5211-3301
　　　　　http://www.gakuyo.co.jp/

装幀─────────────渡邉雄哉(LIKE A DESIGN)
DTP製作─────────────フェニックス
印刷所─────────────加藤文明社
製本所─────────────東京美術紙工

完全整理　図表でわかる地方自治法　第6次改訂版

地方公務員昇任試験問題研究会 編著
A5判 並製
定価＝2,860円（10％税込）

六法を読んでも意味がわからない、法律条文を読むのが苦手という初学者にオススメの本！　地方自治法の全容を34項目に分けて図表を用いてわかりやすく整理。歴代の合格者が勧める昇任試験参考書の決定版！

試験・実務に役立つ！　地方自治法の要点　第12次改訂版

檜垣正已 著
四六判 並製
定価＝2,420円（10％税込）

厳選101項目で、これだけは知っておきたい自治法の要点がおさえられる！　持ち運びに便利なコンパクトサイズで、実務のほか昇任試験対策にも使える。近年の法改正にも対応した最新版。

基礎からわかる法令用語

長野秀幸 著
四六判 並製
定価＝1,650円（10％税込）

正しい意味がスッキリつかめる！　「又は」「若しくは」をはじめ、基本の法令用語を中心に、基本的な意味内容を中心にわかりやすく解説。横組みで読みやすく、法令文を読み解くための知識が身につく。

学陽書房

公務員1年目の教科書

堤 直規 著

四六判 並製
定価＝1,760円（10%税込）

新人のうちに身につけたい、"一生モノの仕事の作法"がわかる！ 多くの先輩公務員が「1年目からこのことがわかっていたら！」と思うアドバイスが満載。公務員独自の仕事のコツやノウハウが身につく。

疑問をほどいて失敗をなくす　公務員の仕事の授業

塩浜克也・米津孝成 著

四六判 並製
定価＝1,870円（10%税込）

新人・若手が出会いがちな役所仕事の「そもそも」の疑問をスルッと解消！ 議会・予算からクレーム対応まで、「これだけは知っておきたい」「今さら聞けない」をまとめた1冊！

通る起案はここが違う！　公務員の文書起案のルール

澤 俊晴 著

A5判 並製
定価＝2,090円（10%税込）

文書の起案は、自治体職員にとって、採用後の一番に携わるもので避けては通れない。本書では、若手職員が知っておきたい基本のポイントを、豊富な例文とともにわかりやすく解説。実務直結の知識が身につく1冊。

学陽書房

一番やさしい自治体財政の本　第2次改訂版

小坂紀一郎 著

A5判 並製
定価＝2,200円（10%税込）

知識ゼロでも自治体財政のしくみと現状がサッとわかる！
税金のしくみ、地方交付税、予算といった財政のイロハから、
財政診断や現状の問題点までが、さらっと読めて理解できる
入門書の最新版。

自治体予算の基本が1冊でしっかりわかる本

定野 司 著

A5判 並製
定価＝2,420円（10%税込）

「難しそうな予算をとにかくやさしく学びたい」、そんな方
におすすめの入門書。予算の基本的な制度や仕組みはもち
ろん、「公会計の活用」「新しい予算編成の手法」など今押
さえておくべき重要な最新情報も収録。

ゼロからわかる！　自治体契約事務のきほん

樋口満雄 著

A5判 並製
定価＝2,310円（10%税込）

最初の1冊におすすめ！　入札、契約書作成、収納といっ
た基本の流れから、事務ミス防止など実務のポイントまで
を見開きにスッキリ整理。難解な用語をできるだけ使わず
にわかりやすく解説した1冊。

学陽書房

図解よくわかる地方議会のしくみ　改訂版

武田正孝 著
A5判 並製
定価＝2,640円（10％税込）

地方議会を知るには、まずこの本を。イラスト・図表をふんだんに盛り込み、1項目を見開き2ページ構成でわかりやすく解説！　自治体職員はもちろん、議員や市民の方々におすすめの1冊。

図解よくわかる自治体の契約事務のしくみ

樋口満雄 著
A5判 並製
定価＝2,750円（10％税込）

複雑な契約事務の全体像が一目でわかる！　基本原則から予算執行の流れ、入札手続などの必須ポイントを盛り込んだ、実務担当者必携の1冊。

図解よくわかる自治体予算のしくみ　改訂版

定野 司 著
A5判 並製
定価＝2,640円（10％税込）

自治体財政の「要」である自治体予算のしくみについて、その勘所が一目でわかる図解入門。予算編成の流れから、予算書の読み方まで、職員や議会人必読の書。

学陽書房

AIがやってきても、自治体の使命は変わらない！

AIの到来、人口減少、高齢化などにどう向き合うか。
自治体戦略2040構想研究会による報告書もふまえ、
自治体本来のミッションから描く、もう1つの未来像。

2040年
自治体の未来はこう変わる！

今井 照［著］
四六判並製／定価＝2,035円（10％税込）

学陽書房